W0390118

VOYAGE AU CENTRE DE LA PEUR

VOYAGE AU CENTRE DE LA PEUR

MELINDA ORSET

Auto-édition

ME RETROUVER SUR LES RÉSEAUX SOCIAUX

FACEBOOK : Mélinda ORSET
YOUTUBE : Melinda Orset
TWITTER : MelindaOrset
INSTAGRAM : melindaorset

Illustration de couverture © William ROUZIER
www.w2i-concept.fr

Photo de couverture © Richard Mazallon
www.eremphotographie.book.fr

ISBN : 978-2-9564492-0-1

TABLE DES MATIERES

À toi Clément,

PRÉSENTATION DE MON PARCOURS

Certains d'entre vous me connaissent peut-être un petit peu au travers de quelques vidéos YouTube. D'autres m'ont peut-être rencontré en consultation ou dans d'autres circonstances. Et d'autres encore, ne me connaissent pas du tout et ont peut-être acheté ce livre par hasard. Qui suis-je alors pour vous apprendre à ne plus avoir peur d'avoir peur ? J'aime savoir qui est la personne derrière un écrit, c'est pourquoi je souhaite vous partager brièvement mon histoire. Commençons par le début.

MON PARCOURS

• Déjà très jeune, je me considérais comme étant timide. Vraiment timide. Le genre de timide qui ne regardait personne dans les yeux, qui n'avait que des réponses monosyllabiques, et auprès de qui beaucoup de personnes avaient abandonné l'idée de tenir une conversation avec elle. Je n'étais pas à l'aise avec les inconnus, les autres enfants de mon âge, voire même avec certains de mes proches que je ne voyais pas souvent.

• On me disait pourtant autour de moi que cette timidité « allait passer avec l'âge ». Mais les années ont passé... et je ne constatais aucune amélioration. Pire encore, le problème semblait même s'aggraver. En grandissant, mes parents (et en particulier ma mère) ne faisaient plus autant la liaison avec le reste du monde et j'ai dû apprendre à gérer seule les situations stressantes. Ma timidité s'est alors transformée en un gros manque de confiance, qui lui même a débouché sur une phobie sociale. Je vivais constamment dans la peur d'être jugée, de mal faire ou de ne pas être à la hauteur. Je ne participais jamais en cours, j'étais terrifiée de l'inconnu, je ne supportais pas qu'on vienne perturber mes habitudes, et je passais mon temps à anticiper tout ce qui pourrait mal se passer dans ma vie.

• Arrivée au lycée, j'ai décidé de m'orienter vers un bac ST2S (sciences technologiques sanitaires et sociales) car aussi loin que je m'en souvienne, j'ai toujours voulu travailler dans le soin. C'est à ce moment-là que j'ai découvert l'hypnose mais le sujet était encore plus tabou à cette époque qui ne l'est aujourd'hui. Il n'y avait quasiment pas d'informations sur le sujet à tel point que je ne savais même pas qu'il était possible d'en faire un métier. J'en ai alors fait une passion et j'ai choisi de suivre le mouvement en passant le concours infirmier.

• En 2009, quelques jours avant de recevoir les résultats de mon concours qui m'annonçaient que j'avais réussi l'écrit et que j'étais convoquée pour un oral quelques jours plus tard, j'ai alors pris conscience que je souhaitais en réalité m'orienter vers des études de psychologie.

• Je suis alors partie faire une Licence en psychologie à Lyon et je fis rapidement le constat que le contenu enseigné était bien loin de ce que j'en attendais, à savoir des outils et des techniques pour apprendre à aider les autres. Les autres étudiants m'assuraient qu'il fallait avancer dans le cursus pour cela...

• Arrivée en 3ème année de Licence au cours de laquelle nous devions effectuer un stage d'observation clinique dans une structure de soin, je ressentis une profonde angoisse à l'idée de le réaliser. J'ai ingénieusement réussi à contourner le problème en choisissant comme option la neuropsychologie qui me permettait de rester dans le cadre de l'université pour effectuer un stage de recherche avec d'autres élèves. J'obtins alors ma Licence en 2012.

• Je choisis de poursuivre en Master en m'orientant vers un Master en psychologie clinique et psychopathologie. Cette fois, et à mon plus grand désarroi, je ne pouvais malheureusement pas échapper au stage clinique car ce dernier était obligatoire pour pouvoir rédiger un mémoire et, de ce fait, valider l'année. Je pris conscience de l'ampleur de ma peur lorsque je me suis retrouvée incapable d'effectuer les démarches. J'étais terrifiée à l'idée de rentrer dans le monde du travail...

• J'ai alors décidé de ne pas effectuer de stage, et de me concentrer uniquement sur les cours dans le but de prendre le temps de régler ce problème. Je me suis de nouveau intéressée à l'hypnose que j'avais un peu laissé de côté, sentant que cet outil pouvait m'aider à me libérer de ma peur. J'ai dévoré tous les livres que je trouvais sur le sujet tout en mettant en pratique les connaissances apprises au travers de l'auto-hypnose. Je découvre également à cette même période les livres de développement personnel.

• Les changements ont commencé à s'opérer en moi assez rapidement. Je prenais davantage soin de moi en mangeant plus sainement et en reprenant une activité physique, ce qui m'a permis de perdre près de 15kg (que je n'ai d'ailleurs jamais repris). Je me sentais de mieux en mieux dans mon corps. De ce fait, je repris progressivement confiance en moi, et me sentis bien moins anxieuse à l'idée de faire un stage.

• J'ai ensuite validé les examens écrits de mon Master 1 tout en sachant déjà à ce moment-là que je ne souhaitais pas poursuivre mes études de psychologie car je désirais me concentrer exclusivement sur l'hypnose qui se rapprochait davantage de ma vision de la thérapie. Afin de m'assurer que je prenais la bonne décision, et que je m'étais bel et bien libérée de ma peur de faire ce stage, j'ai tout de même décidé de faire une deuxième année de Master en me focalisant cette fois-ci uniquement sur le stage.

• 2013-2014 : J'ai effectué un stage dans un CMPP (Centre Médico Psycho-Pédagogique) d'une durée de 9 mois. Je ne me sentais pas encore très à l'aise mais celui-ci me fis énormément évoluer sur le plan personnel. Dès les premiers jours, ma décision d'arrêter la psychologie était prise.

• Deux semaines après avoir terminé mon stage, je suis partie à Paris pour me former en hypnothérapie, dépassant au passage la peur de partir seule. Une formation qui s'étalera sur plusieurs mois et à l'issue de laquelle je ressors diplômée et transformée (le 12 décembre 2014).

• Quatre jours plus tard, je trouvai le local qui me sert de cabinet encore à ce jour. Malgré la peur de ne pas être prête et un manque de confiance toujours présent, je commence mon activité d'hypnothérapeute fin janvier 2015.

• Avril 2015 : Mon cabinet tourne très lentement, ce qui me laisse du temps pour lancer un projet qui me trotte dans la tête depuis un moment : celui de dépasser toutes les peurs qui pouvaient me rester.

MON PROJET SUR LES PEURS

Grâce à l'auto-hypnose et à toutes mes lectures, j'avais déjà réussi à dépasser les peurs les plus invalidantes. Je ne me considérais plus timide, et j'avais gagné en confiance à tous les niveaux. Néanmoins, je sentais qu'il me restait d'autres peurs qui m'empêchaient de m'épanouir pleinement dans ma vie. J'ai alors décidé de les énumérer sur une feuille tout en me promettant de me libérer de chacune d'entre elles. Ayant noté la peur de me filmer, l'idée de me filmer en train de les dépasser et de partager publiquement les vidéos, est alors née dans mon esprit…
Voici la liste des vidéos que j'ai réalisées dans l'ordre où je les ai effectuées (vous pouvez les retrouver sur ma chaîne YouTube) :

– ne plus avoir d'économies (mai 2015)

- faire de la plongée sous-marine (août 2015)
- aborder des inconnus en leur disant n'importe quoi (août 2015)
- dire ses sentiments (février 2016)
- parler en public devant au moins 100 personnes (mars 2016)
- saut en parachute (juin 2016)
- se ridiculiser en public (septembre 2016)
- chanter correctement en public (décembre 2016)
- peur de se filmer (janvier 2017)
- peur d'être soi-même (janvier 2017)

C'est donc au bout de plus d'un an et demi que s'achèvera mon projet sur les peurs. Cela va sans dire que c'était une expérience extrêmement enrichissante qui m'aura permis d'évoluer considérablement sur le plan personnel et par extension dans ma pratique d'hypnothérapeute.

POUR TERMINER

Quelques mois après avoir terminé mon projet sur les peurs, je lance un nouveau projet : cocher le plus d'items possibles de ma bucket-list. Cette dernière contient aussi bien des objectifs professionnels (écrire un livre en faisait notamment parti), que des endroits à visiter, ou des expériences à vivre. Le tout sera bien évidemment filmé et partagé à nouveau sur les réseaux sociaux afin que vous puissiez suivre mes aventures si vous le souhaitez.
Je continue toujours de recevoir en consultations et j'ai célébré mes trois ans de pratique en janvier 2018. À cela s'ajoute en parallèle les quelques spectacles, démonstrations, et conférences autour de l'hypnose qu'il m'arrive de donner principalement en région stéphanoise.

INTRODUCTION

« Tu sais très bien qu'il y a, au plus profond de toi, une magie, une force, un salut ... qui s'appelle l'amour. Dès lors, apprends à aimer ta douleur. Ne lui résiste pas, ne la fuis pas. C'est ton aversion qui te fait souffrir, rien d'autre. »
Hermann Hesse

Pendant longtemps, j'ai tenté de fuir mes peurs. Je pensais qu'avoir peur était un signe de faiblesse et quelque chose de honteux qu'il fallait à tout prix cacher. Je ne voulais pas accepter que la peur puisse faire partie de ma vie alors je cherchais toutes les astuces qui pourraient m'aider à m'en débarrasser une bonne fois pour toute. J'ai essayé de l'ignorer, de lutter contre elle, ou encore de l'étouffer du mieux que je le pouvais. J'ai tenté de me détourner d'elle en me convainquant que je n'avais pas peur, en essayant de positiver le plus possible, ou encore en testant de nombreuses techniques de relaxation. Mais toutes ces stratégies n'avaient un effet apaisant que sur du court terme. Car quoique je fasse, mes peurs finissaient toujours par revenir. Pire encore, plus je voulais les chasser, plus elles m'envahissaient et prenaient le contrôle de ma vie.

Je pensais pourtant que c'était seulement en « affrontant ses peurs » que l'on pouvait s'en libérer. Cette lutte acharnée, qui aura duré tout de même quelques années, n'aura eu, au final, pour seul résultat que d'aggraver mes symptômes. Car plus le temps passait, plus mes peurs devenaient puissantes...

Je commençais à penser que mon cas était probablement désespéré, « peut-être que mes peurs sont devenues bien trop fortes pour que je puisse maintenant m'en libérer » songeais-je. Peut-être même étais-je condamnée à devoir passer le restant de mes jours paralysée par celles-ci? Cette perspective me terrifiait. Mais j'étais épuisée de résister, et je commençais très sérieusement à envisager la possibilité d'abandonner…

Dire que l'idée de perdre face à la peur me révoltait était un euphémisme. Aussi loin que je puisse m'en souvenir, je crois que j'ai toujours eu un esprit de compétition… et de contradiction. Je ne pouvais pas baisser les bras sans une dernière bataille.

C'est pourquoi j'en suis arrivée à la conclusion que puisque rien ne semblait fonctionner sur moi, et quitte à être apeurée pour le restant de ma vie, alors j'allais faire tout ce qu'il était en mon pouvoir pour être contente d'avoir peur. Si la peur voulait rester dans ma vie, très bien. Dans tous les cas, j'allais être obligée d'être confrontée à des situations stressantes, que cela lui plaise ou non. Mais j'allais toujours continuer de vivre ma vie, et je n'allais pas la laisser m'empêcher d'être heureuse. Rien que pour l'embêter, j'allais l'emmener avec moi le plus possible. J'allais chercher volontairement à avoir peur et à chaque fois qu'elle pointerait le bout de son nez, j'allais prendre du plaisir à la ressentir! Ce serait en quelque sorte mon dernier acte de rébellion, avant de m'avouer vaincue...

Je ne savais pas encore à ce moment-là que je venais de trouver la clé qui allait me permettre de retrouver ma liberté. Pourtant ma vie n'a plus jamais été la même suite à cette décision. C'est à ce moment-là que j'ai arrêté de lutter contre la peur, et que je lui ai réellement fait face pour la première fois. Et c'est à ce moment-là que j'ai décidé de ne plus avoir peur d'elle en lui donnant la permission de me traverser, et en l'accueillant à bras ouvert à l'intérieur de moi. J'ai alors pris conscience qu'elle n'était qu'une émotion normale de l'organisme au même titre que peuvent l'être la joie ou la tristesse, et que s'empêcher de ressentir la peur revenait à se couper de son humanité, et de la vie elle-même. J'ai commencé à la reconnaître et à l'accepter comme étant valide et importante. Et j'ai appris à l'aimer.

SOUFFRANCE VERSUS PLAISIR

Nos vies sont dirigées par deux forces : le plaisir et la souffrance. Tous nos actes, tous nos comportements sont motivés par le désir d'éviter la souffrance ou de rechercher le plaisir, et en cela, il n'y a aucune différence entre nous et un quelconque animal.

Pourquoi une personne n'ose pas aborder cet homme ou cette femme qui lui plaît? Pourquoi n'ose-t-elle pas quitter son job qui ne lui convient plus? Ou encore pourquoi n'arrive-t-elle pas à se mettre au sport? La réponse est simple: parce qu'elle a associé davantage de souffrance au fait d'agir maintenant, tout en sachant que le passage à l'acte lui serait pourtant bénéfique. Inversement, les personnes qui osent agir le font parce qu'elles anticipent le plaisir que cela leur procurera, et les bénéfices qu'elles récolteront. Aussi sont-elles prêtes à prendre le risque de souffrir un peu sur le moment pour obtenir ce qu'elles veulent plus tard.

Pour beaucoup de personnes, il est plus simple d'éviter la souffrance à court terme, même si cela implique de se créer une douleur à long terme. Ainsi, le fumeur préfère choisir le plaisir immédiat que lui procure la cigarette, dans le but d'éviter la douleur d'une émotion désagréable (du stress, une contrariété, de l'ennui, ou une sensation de manque, etc...), et ce, en dépit des conséquences dévastatrices que sa consommation de tabac provoquent sur sa santé à long terme. Tout comme la personne qui aurait besoin de perdre quelques kilos pour sa santé décide de continuer de manger de la malbouffe plutôt que de modifier son alimentation ou de se mettre au sport, deux actions qu'elle a probablement associé à de la douleur et nécessitant de fournir un effort sur du long terme.

Précisons toutefois qu'il existe divers degrés de douleur et de plaisir. Une gêne, de l'ennui, ou se sentir impuissant peuvent être associés à de la souffrance. Quant à la notion de plaisir, elle peut aller de la sensation d'extase la plus intense, à la simple sensation de confort, de soulagement, ou de sécurité, ou encore à l'absence de souffrance.

De même, là où certaines personnes associent de la douleur à un comportement, d'autres y associent du plaisir. Faire du sport, ou manger sainement peut être vécu comme une torture pour certains tandis que pour d'autres cela sera un véritable bonheur. Cela dépend de chacun de nous. Mais, rien ne nous empêche de modifier la perception que nous avons d'un comportement ou d'une émotion, et d'y attacher davantage de plaisir ou de souffrance selon l'objectif que l'on souhaite atteindre. En réalité, il ne tient qu'à nous de changer la représentation que nous avons de nos comportements.

Alors, que se passerait-il si au lieu de juger la peur comme étant une émotion négative et désagréable, nous apprenions à l'aimer et à prendre du plaisir à la ressentir ? Voilà l'idée principale que je souhaite partager et développer tout au long de ce livre, et toutes les techniques présentées dans cet ouvrage iront en ce sens.

Si vous êtes comme moi, vous aimez savoir ce qui vous attend avant de commencer un voyage. Laissez-moi donc vous décrire ce qui vous attend avec ce livre

PRÉSENTATION DU CONTENU

• C'est un livre pratique :

Bien que vous y retrouverez des éléments théoriques s'appuyant sur des faits scientifiques, je souhaite avant tout vous partager une méthodologie avec des exercices concrets à mettre en pratique pour vous aider à ne plus avoir peur de la peur. Ainsi, les chapitres sont découpés en deux parties: une partie théorique, et une partie pratique avec des exercices.

Au fil des pages je vous ferai part d'anecdotes, personnelles ou non, afin de donner vie aux explications et aux données scientifiques sur lesquelles ce livre s'appuie. Je vous écris le livre que j'aurai aimé lire lorsque j'étais moi-même submergée par mes propres peurs avec toutes les astuces et techniques que j'aurai aimé connaître plus tôt.

• Ce livre se veut le plus simple et concis possible

Il a été rédigé de manière à permettre une lecture facile afin d'être accessible et abordable à tous. Le langage technique sera donc limité et simplifié au possible. Dans la même idée, les parties théoriques ne contiennent que les informations pertinentes pour mettre en pratique les exercices. Nous allons aller droit à l'essentiel, mais le contenu, bien que synthétisé reste tout de même dense. Si vous souhaitez creuser les sujets abordés dans ce livre, nous vous invitons à vous référer à notre bibliographie.

• C'est un livre à contre-courant

Une grande partie de son contenu défiera probablement votre mode de pensée actuel et vos croyances personnelles. C'est pourquoi je vous invite à garder une ouverture d'esprit et à tester les exercices afin de vous en faire votre propre opinion. Je vous assure que tout prendra son sens si vous poursuivez la lecture. Vous verrez comment toutes les pièces du puzzle s'agencent pour former un système pratique, simple et complet qui pourra vous mener à votre épanouissement.

• C’est un livre de développement personnel

Il regroupe, selon moi, des principes de base permettant d'enclencher un processus de changement. C'est pourquoi, toutes les techniques partagées dans cet ouvrage conviennent également à d'autres problématiques (allant du manque de confiance, au désir de perdre du poids, en passant par des problèmes d'addictions tel que le tabac), et ce, d'autant plus, qu'une peur se cache bien souvent derrière nos maux. Il vous suffira alors d'adapter les exercices à votre cas (vous constaterez que je vous donnerai régulièrement des exemples pour vous aider).

De même, quelle que soit la peur dont vous souffrez, et l'intensité à laquelle vous la ressentez, les techniques s'appliquent autant au léger stress qu'aux phobies plus invalidantes.

• Ce livre ne décrit pas une méthode miracle

Toutes les techniques et astuces présentées dans ce livre, je les ai testées personnellement et je les ai proposées aux personnes que je reçois en consultation, avec de bons résultats. Mon expérience personnelle d'ancienne phobique sociale, mon projet vidéo sur les peurs, ma pratique en tant qu'hypnothérapeute, et mes nombreuses lectures, m'ont permis de comprendre en profondeur le mécanisme des peurs et d'élaborer des stratégies adaptées pour ne plus avoir peur d'avoir peur. Si elles ont pu fonctionner sur moi et sur d'autres personnes, elles peuvent fonctionner pour vous.

Néanmoins, je ne veux pas vous vendre de miracles pour autant car ces techniques ne sont efficaces qu'à condition d'être pratiquées. Il est donc fortement conseillé de relire plusieurs fois ce livre afin de bien en intégrer le contenu et de vérifier que vous avez bien mis en pratique toutes les techniques.

• Ce livre ne remplace pas une véritable thérapie

Si les exercices peuvent effectivement vous être d'une grande aide, il peut néanmoins s'avérer nécessaire d'être accompagné par un professionnel pour se libérer d'une peur. Cela vous fera même gagner un temps précieux.

****

Le processus de changement par lequel je suis passée a été tellement libérateur et puissant dans la manière de vivre ma vie que je suis très enthousiaste à l'idée de partager mes découvertes et mes connaissances afin de vous aider vous aussi à ne plus avoir peur d'avoir peur. Je souhaite à présent consacrer mon temps et mon énergie à vous aider à vivre la vie que vous désirez, et que vous méritez.

Pour cela, j'ai passé plus de trois ans à analyser mon parcours afin de comprendre pourquoi certaines techniques ne fonctionnaient pas et de relever les stratégies qui semblaient les plus efficaces. À cela s'ajoute de nombreuses lectures autour de la peur, et de manière plus générale autour de la thérapie, qui m'auront permis de créer une méthodologie avec des exercices concrets que je souhaite aujourd'hui partager avec vous.

Entre autres, nous verrons dans cet ouvrage que les stratégies ayant pour objectif de fuir ou de lutter contre la peur sont vaines et contre-productives et s'avèrent même être à l'origine de l'aggravation des symptômes. Car la peur a une utilité, et pour cette raison il ne s'agit pas de s'en débarrasser, mais au contraire, d'apprendre à mieux avoir peur. Nous constaterons que résister à la peur en ne s'autorisant pas à la ressentir engendre inévitablement de la souffrance. Nous découvrirons également que la douleur que nous ressentons par rapport à la peur n'est pas causée par l'émotion en elle-même mais par le jugement et la perception que l'on a de cette dernière. En modifiant notre perception, nous changeons en conséquence la manière dont nous l'éprouvons. Pour toutes ces raisons, le meilleur moyen de se libérer de l'emprise de la peur consiste à l'accepter pleinement comme faisant partie de nous, en apprenant à l'apprécier.

J'espère que vous apprendrez autant de choses que moi lorsque j'ai rédigé ce livre, et que les informations partagées vous aideront à vivre la vie que vous désirez. Je vais faire de mon mieux au travers de ce livre pour vous accompagner au cours de cette aventure. Une aventure qui commence par une prise de décision : celle de reprendre le contrôle de sa vie. Et si vous tenez ce livre entre vos mains, c'est que cette décision a eu le temps de mûrir en vous, et que vous êtes prêt à passer à l'action.

Ce serait mentir que vous dire que le voyage va être simple. Ne plus avoir peur d'avoir peur, c'est se reconnecter à ses émotions – les plus agréables comme les moins agréables – en acceptant notre vulnérabilité. Il y a donc de fortes chances pour que vous soyez déstabilisés au début dc ce voyage. Cela a été le cas pour moi !

Mais voilà ce dont je suis sûre : c'est l'une des plus belles expériences que vous pouvez vivre. Celle que malheureusement beaucoup cherche à fuir. Un voyage indispensable au centre de soi-même.

Un voyage au centre de la peur.

1.
COMPRENDRE LA PEUR

« La logique est une manière méthodique de se tromper en toute confiance. »
Robert Heinlein

Je me demandais souvent « pourquoi ai-je mes peurs ? », « pourquoi n'arrive-je pas à m'en débarrasser ? », « pourquoi suis-je comme ça ? », car j'ai longtemps pensé et espéré que la compréhension de mon problème serait libératrice. J'ai d'ailleurs effectué des études en psychologie en pensant que si je comprenais mieux pourquoi mon problème était là, je pourrai m'en libérer. Bien que cela m'ait permis d'en retirer des connaissances générales sur le fonctionnement de la peur, je n'allais malheureusement pas mieux pour autant. Pire, je culpabilisais maintenant de comprendre le problème et de ne pas l'avoir résolu.

Cette idée qui consiste à croire que le fait de comprendre un problème permet de le résoudre est un mythe très tenace dans notre société. De nombreuses psychothérapies, comme la psychanalyse,

se sont construites autour de cette idée d'aller « au fond des choses », de partir à la recherche des causes du problème.
L'être humain aime comprendre les choses. Il aime analyser, rationaliser. Cependant, la volonté de tout comprendre est parfois précisément ce qui nous éloigne de la solution, et cela ne nous permet pas forcément de changer. Cela peut parfois fonctionner, mais malheureusement, bien trop souvent, cela ne fonctionne pas.
Giorgio Nardone, psychothérapeute italien représentant du courant de la thérapie brève stratégique, explique même que « les thérapies basées sur une connaissance et une rationalité exacerbées se révèlent inefficaces dans le traitement de la peur pathologique », puisque c'est précisément les connaissances accrues du problème qui viennent en amplifier la perception, jusqu'à même induire une aggravation des symptômes.

Prenons un exemple: imaginez que votre problème soit comme une porte qu'il faudrait ouvrir pour pouvoir avancer dans votre vie. Cela ne servirait pas à grand chose de vous plaindre, de vous demander pourquoi elle est là, et ce que vous avez bien pu faire pour mériter cela – parce qu'évidemment c'est toujours sur vous que cela tombe ! Il serait plus pertinent de prendre le temps de l'observer véritablement, et de comprendre comment elle fonctionne. Peut-être faut-il tout simplement tourner la poignée d'une certaine manière, ou tirer la porte au lieu de la pousser.

En d'autres termes, pour se libérer d'un problème, il s'agit de comprendre comment il fonctionne et non pourquoi il existe. Prendre le temps de comprendre le fonctionnement et les mécanismes d'un problème, déterminer son mode de persistance afin de pouvoir en tirer des stratégies adaptées pour s'en libérer apparaît donc primordial.

DÉFINITION DE LA PEUR

La peur est une émotion qui se caractérise par un intense sentiment habituellement désagréable, provoqué par la perception d'un danger, présent ou futur, réel ou supposé. Un des mots important dans cette définition est le dernier mot : « supposé ». Cela signifie que les réponses physiologiques sont identiques (tachycardie, respiration coupée, transpiration, tremblements etc) que le danger soit réel ou imaginaire.

Ainsi, une peur peut être déclenchée par le seul souvenir d'une frayeur passée, ou par tout contexte associé à un événement vécu comme traumatisant. Les événements douloureux laissent des traces dans notre cerveau et ces cicatrices ne s'effacent pas facilement, voilà pourquoi la simple évocation d'un souvenir difficile garde l'empreinte de la peur, et ce même des années plus tard.

La peur est un état physiologique naturel, un signal d'alarme contre tout danger, menace ou conflit (qu'ils soient réels ou imaginaires) destiné à enclencher une réponse adaptative.

Elle est une émotion fondamentale pour l'adaptation des êtres humains à leur environnement. On peut comprendre facilement que les peurs sont nécessaires à l'espèce humaine, et qu'elles en ont favorisé la survie. Ceux de nos ancêtres qui ne ressentaient pas assez de peur ont sans doute survécu en moins grand nombre : ne pas avoir assez peur du noir, du feu, du vide… pouvait entraîner des blessures ou la mort.

Tout comme ne pas avoir peur du vide, ou de certains animaux comme les mygales ou les serpents, nous exposerait à un véritable danger. Ce sont ce qu'on appelle des peurs naturelles. Dans certains cas, il serait donc plus dangereux de ne pas avoir peur !

De par son utilité, il ne s'agit donc pas en thérapie d'enlever ou de se débarrasser de la peur, mais de transformer nos réactions face à celle-ci, pour qu'elles soient plus adaptées. L'idée est donc de faire en sorte que « notre système d'alarme intérieur » par rapport à la peur soit le mieux réglé possible. Ce qui n'est malheureusement pas le cas avec les peurs pathologiques (phobies, toc, troubles anxieux, etc). Un peu comme l'alarme d'une maison qui sonnerait même lorsqu'il n'y a aucun danger. À l'inverse d'une peur naturelle, la peur pathologique nous limite et nous empêche de réagir correctement à une situation.

DIFFÉRENCE ENTRE UNE PEUR NORMALE ET UNE PEUR PATHOLOGIQUE

Précisons tout d'abord que la distinction normale/pathologique est floue, car il n'existe pas de critères indiscutables pour situer la frontière entre les deux. Ceci est dû au fait que la peur est une émotion et que nos ressentis sont subjectifs : on peut être anxieux un peu, moyennement, beaucoup, énormément... et chaque personne peut réagir différemment à une même situation. De même, la peur peut prendre plusieurs formes: l'anxiété, le stress, la nervosité ou des formes plus extrêmes comme la panique ou la terreur. Il s'agit souvent de la même émotion mais ressentie à un degré différent selon le contexte.

Néanmoins, de manière simplifiée on pourrait dire qu'une peur normale augmente notre capacité à gérer une situation. Elle s'active dans des situations objectivement dangereuses et s'éteint vite lorsque le danger est passé ou qu'on a pris conscience qu'il n'était pas si menaçant: comme lorsqu'il y a un bruit violent, ou que quelqu'un arrive silencieusement derrière nous. Les peurs naturelles font partie intégrante des peurs dites normales. Une peur normale tient compte du contexte dans lequel nous nous trouvons: si nous sommes à quelques mètres d'un serpent dans la jungle, nous allons avoir peur; mais si le serpent se trouve dans un terrarium, cette peur sera plus modérée.

À l'inverse, une peur pathologique nous limite et nous empêche d'accéder pleinement nos capacités et nos désirs. Elle peut très vite dégénérer en crise de panique et en une perte de contrôle. Elle pousse la personne à organiser son quotidien en fonction de sa peur, et déclenche une anxiété anticipatoire majeure.

On peut dire qu'une peur devient pathologique lorsqu'elle se déclenche fortement face à des situations de dangerosité moindre (vous devenez en quelques sortes victimes de fausses alertes fréquentes), et lorsque la peur met du temps à redescendre et à se réguler. Elle est handicapante et entraîne des évitements importants des situations anxiogènes, empêchant la personne de vivre comme elle le souhaite.

Selon Giorgio Nardone, le principal critère permettant de définir une peur comme pathologique est l'incidence que cette dernière peut avoir sur la vie quotidienne de la personne et son entourage. En somme, c'est lorsque vous devenez l'esclave de vos peurs. Il suffit de mesurer à quel point vos peurs vous poussent à organiser votre quotidien pour vous confronter le moins possible à certaines expériences. La peur vous empêche-t-elle de vivre des situations précises (comme le fait de prendre l'avion, ou de vous baigner) ou la majorité des expériences de la vie (comme dans le cas d'angoisse généralisée, de troubles obsessionnels compulsifs, ou de fixations hypocondriaques)? Votre entourage doit-il lui aussi s'adapter à votre peur: en faisant certaines choses à votre place, ou en vous accompagnant dans certaines situations? Si vous pouvez répondre favorablement à l'une de ces questions alors il y a de fortes chances que la peur soit pathologique.

LA BIOLOGIE DE LA PEUR

Nous allons maintenant voir un peu plus en détails ce qu'il se passe d'un point de vue biologique afin de mieux comprendre le fonctionnement de la peur. C'est la seule partie un peu technique de ce livre que je vais tenter de simplifier le plus possible pour qu'elle vous soit compréhensible.

À l'intérieur de nous il y a un système détectant les dangers et produisant des réponses qui augmentent nos chances de survie face à une situation jugée dangereuse. Autrement dit, ce système enclenche une séquence comportementale défensive.

Joseph Ledoux, psychologue, et professeur de sciences à l'Université de New York est un des pionniers de la neurologie des émotions, en particulier de la peur. Il a démontré que l'amygdale cérébrale - à ne pas confondre avec les amygdales pharyngées se situant aux deux côtés de la gorge - joue un rôle essentiel dans la gestion de nos émotions et en particulier nos réactions de peur et d'anxiété. Il a été mis en évidence qu'une lésion au niveau de l'amygdale entraîne un déficit de la reconnaissance des expressions faciales de peur et une incapacité à exprimer ses émotions.

L'amygdale nous permet de réagir presque instantanément à la présence d'un danger. Tout cela se fait très vite, de manière réflexe,

et ne nécessite pas l'intervention de la conscience ou de la volonté. En situation d’urgence, sous l’effet d’un stress important, les fonctions cognitives (les capacités de notre cerveau qui nous permettent notamment de communiquer, de percevoir notre environnement, de nous concentrer, de nous souvenir d’un événement ou d’accumuler des connaissances) perdent leur capacité à nous guider. Ce sont nos réflexes instinctifs qui prennent les rênes. L’action amygdalienne a donc un rôle de survie car c’est elle qui nous fait réagir en une fraction de seconde à la suite d’un stimulus menaçant.
Selon Joseph Ledoux, il existe deux circuits de la peur : un circuit court et un circuit long.

Le circuit court est rapide mais imprécis. Il assure des réactions de survie, de fuite et de défense dans un délai très court avec l’inconvénient de ne transmettre que des informations floues.

A contrario, le circuit long est lent mais précis. Il assure une perception précise du stimulus mais nécessite un prolongement du temps de réaction qui peut être fatal en cas de danger.
Ces deux circuits débutent en même temps.

LES CIRCUITS DE LA PEUR

Voyons maintenant un peu plus en détail ces deux circuits en reprenant l'exemple que Joseph Ledoux nous donne d'un promeneur dans les bois qui tombe sur une forme suspecte qui pourrait être une simple branche ou un serpent.

• Le circuit court de la peur

Tout d'abord, nos organes sensoriels (les yeux, les oreilles etc) reçoivent des informations de l'environnement qui pourraient signaler la présence ou la possibilité d'un danger. Ces informations sensorielles sont ensuite transmises au thalamus, qui a entre autre pour fonction de trier et de relayer ces informations, avant de venir les transmettre à l'amygdale. Cette dernière va enclencher une première réaction de peur : par exemple un sursaut, ou une tension. C'est une première alarme sensorielle qui nous permettra de commencer à nous préparer à un danger même si nous ne savons pas exactement de quoi il s'agit. (cf : figure 1.1)

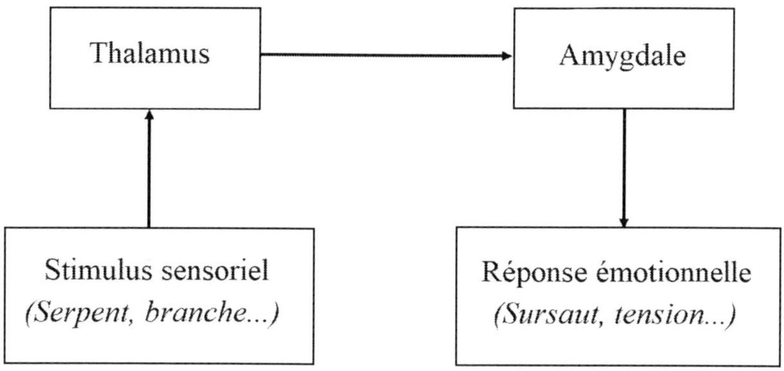

Figure 1.1 La voie courte de la peur

• Le circuit long de la peur

Cela commence de la même manière que pour le circuit court. Nos organes sensoriels reçoivent des informations de notre environnement qui vont être transmises au thalamus. Ici le thalamus transmet l'information sensorielle non pas à l'amygdale directement mais à l'hippocampe.

L'hippocampe va rechercher dans nos expériences passées si nous avons déjà vécu une situation similaire et si cela avait entraîné des problèmes sérieux, tout en évaluant le contexte.

Pendant ce temps, le thalamus, envoie l'information au cortex sensoriel approprié. Dans notre exemple c'est le cortex visuel qui va venir décrypter de façon détaillée l'image afin d'évaluer s'il s'agit d'une branche ou d'un serpent.

Le thalamus transmet également les informations au cortex préfrontal qui lui a pour objectif de nous faire choisir l'action la plus efficace pour se soustraire au danger.

Le cortex préfrontal va ensuite informer l'amygdale qui va alors produire les réactions émotionnelles appropriées ainsi que les réactions corporelles telles que l'accélération du rythme cardiaque et de la respiration, sudation, etc.

S'il s'avère qu'il s'agit véritablement d'un serpent, le cortex visuel renforce la fonction amygdalienne, et les manifestations corporelles de la peur sont maintenues. A contrario, si le cortex visuel décode de façon précise l'image du bâton, il freine la fonction amygdalienne et toutes les expressions corporelles de la peur vont dès lors s'estomper. (cf figure 1.2)

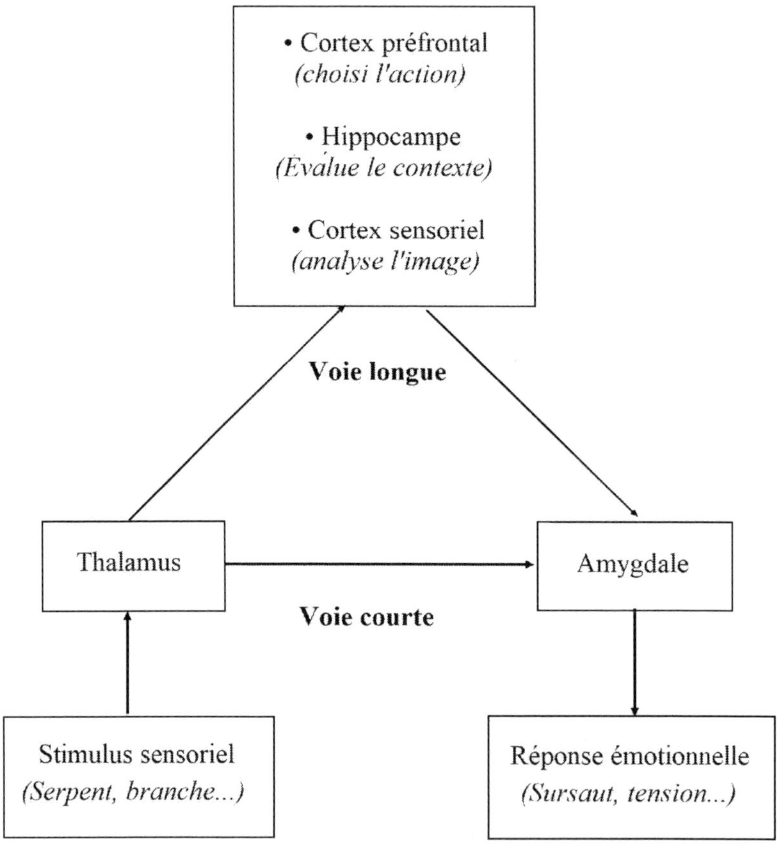

Figure 1.2 La voie longue de la peur

Face à une situation, nous ne choisissons pas consciemment lequel de ces deux circuits la peur devra emprunter puisque cela fonctionne de manière instinctive et autonome. Et heureusement, car si nous prenions le temps d'analyser consciemment les situations, cela pourrait s'avérer fatal. Pour la survie de l'espèce, il semble évident qu'il vaille mieux prendre un bâton pour un serpent que subir la morsure d'un serpent identifié avec quelques millisecondes de retard.

Les études en imagerie cérébrale ont mis en évidence que les individus anxieux, en état de dépression, de phobie sociale et de stress post-traumatique présentent une activation excessive de l'amygdale. Les troubles anxieux seraient dus à l'activation pathologique du circuit court, ce qui explique pourquoi les personnes souffrant de ces troubles éprouvent autant de difficulté à gérer leurs réactions face à la peur car cela ne dépend pas de leur volonté. Des questions se posent alors: sont-elles condamnées à être victime de leur amygdale? Et comment ont-elles pu en arriver là?

CRÉATION D'UNE PHOBIE

Selon le courant psychanalytique, les conflits inconscients, des problèmes de sexualité refoulés, ou un traumatisme pendant l'enfance expliqueraient les troubles anxieux phobiques.

Il est communément admis qu'on retrouve parfois dans le passé de certaines personnes phobiques des événements traumatisants à l'origine de leurs phobies: par exemple un accident de la route débouchant sur la phobie de la conduite, ou une morsure aboutissant à une peur excessive des chiens...

Cependant, dans de nombreux cas, la phobie s'est créée sans qu'il n'y ait eu d'événements traumatiques. Nombreuses sont les personnes incapables de dire à quel moment précis la phobie ou la peur s'est formée.

Certaines phobies peuvent avoir été apprises au travers des propres peurs des parents. Ceux-ci peuvent induire une appréhension excessive chez leurs enfants en leur martelant des consignes de prudence et des recommandations angoissantes. Même si les parents sont attentifs à ne pas laisser filtrer leurs propres peurs, leurs enfants seront capables de repérer qu'un de leur parent est très tendu dans certaines situations, recréant ainsi les mêmes comportements par effet miroir.

Les peurs relèveraient donc davantage d'un apprentissage conscient ou inconscient. Selon Nardone, « on ne naît pas phobique, on le devient. On le devient par une évolution progressive de tentatives désastreuses et réitérées de gestion de la réalité ou bien d'attitudes, de pensées et de comportements créés sur la base de perception de sensations, de situations ou de conditions personnelles perçues comme menaçantes ».

John B. Watson, l'un des pères du behaviorisme, a réalisé en 1920 une étude très controversée (vous allez vite comprendre pourquoi...) plus connue sous le nom de « l'expérience du petit Albert », pour montrer qu'il était possible de conditionner un enfant de moins d'un an à avoir peur d'un rat alors qu'il ne le craignait pas auparavant. Avec l'accord de la mère, il se servit du petit Albert âgé de 9 mois comme cobaye. Sa méthode était simple : à chaque fois que l'enfant, naturellement curieux, tendait la main pour toucher le rongeur, le chercheur assénait un grand coup de marteau sur une barre métallique, juste derrière Albert. Évidemment, le bruit déclencha des pleurs chez le bébé. Une fois Albert calmé, Watson répéta le processus plusieurs fois. À la fin, il suffisait simplement de montrer le rat au nourrisson pour qu'il manifeste des signes de peurs (tremblements, pleurs, tentative de fuite...). Pire encore, il avait développé d'autres phobies dans la foulée. Tous les objets couverts de fourrure le terrifiait : un lapin, un chien poilu, une veste en peau de phoque et un masque de père Noël doté d'une barbe fournie. Alors qu'il n'avait pas peur de ces objets avant son conditionnement, il hurlait maintenant aussi fort que lorsqu'il voyait un rat. Watson n'a pas pris la peine d'inverser le conditionnement de l'enfant, car celui-ci fut retiré par sa mère avant la fin de l'expérience. Le petit Albert a donc quitté le laboratoire avec ses phobies...

Watson voit dans l'expérience réalisée avec cet enfant un moyen d'expliquer la naissance des phobies. En associant un stimulus neutre à un stimulus angoissant, le sujet va développer une phobie. Par la suite, la phobie va se généraliser à l'ensemble des stimuli qui ressemblent au stimulus d'origine (il aura peur des souris puis de tous les animaux). Voyons maintenant un peu plus en détails le processus de généralisation.

LE PRINCIPE DE GÉNÉRALISATION

Richard Bandler et John Grinder, fondateurs de la Programmation Neuro-Linguistique, nous présentent dans leurs travaux de nombreux outils pour mieux communiquer, dont le méta modèle, qui se révèle essentiel pour améliorer la communication en couple, en groupe, entre amis ou dans les relations professionnelles. Le méta-modèle est un mot bien technique qui en réalité décrit un outil très simple qui permet de faire préciser à notre interlocuteur ce qu'il veut dire, afin de comprendre la représentation du monde qu'il peut avoir et ainsi mieux s'y adapter. Ils ont découvert que lorsque nous parlons, nous employons trois processus clés liés au langage qui viennent « trahir » notre manière de percevoir le monde : l'omission, la généralisation et la distorsion.

Qu'est-ce que cela veut dire? C'est très simple. Lorsque nous parlons :

- nous ne disons pas certaines informations parce qu'elles nous semblent évidentes ou qu'on ne les a pas stockées dans le conscient (omission).
- nous faisons des généralités (généralisation)
- nous déformons la réalité pour nous la représenter de façon conforme à nos croyances par exemple (distorsion).

Le problème, c'est que nous avons tous une manière qui nous est propre de nous représenter le monde. Ces trois processus peuvent amener à des incompréhensions et des malentendus. On dit quelque chose, mais notre interlocuteur comprend autre chose. Et inversement. Chacun y va de son interprétation. Je suis sûre que vous avez déjà vécu ce genre de situation.

Ce que nous disons passe par notre langage au travers de nos propres filtres de perception de la réalité, et va ensuite être interprété par notre interlocuteur en fonction de ses propres filtres de perception de sa réalité.

Étant en lien avec la création des phobies et des peurs, nous allons développer dans ce chapitre le principe de généralisation car il ne s'applique pas qu'au langage, mais aussi à nos comportements, à nos apprentissages, à des situations, ou même à des personnes.

La généralisation permet de créer des catégories ou des classes à partir d'un cas isolé ou d'un petit nombre d'exemples.
On repère les généralisations par des mots tels que : tous, tout, toujours, jamais, aucune, il faut, je dois, c'est obligatoire, je ne peux pas, je suis incapable de, etc.

L'avantage de la généralisation c'est qu'elle nous permet de faire des apprentissages. Ainsi, quand un enfant se brûle une fois un doigt en l'approchant d'une flamme, il n'aura bien souvent pas besoin de retenter l'expérience avant de se dire que le feu, ça brûle ! Il aura appris par généralisation que tout ce qui ressemble à une flamme brûle et il ne remettra plus en question cette croyance très positive pour lui. Il se fera peut-être avoir par une plaque électrique qui elle n'a pas de flamme, mais à nouveau son cerveau pourra généraliser cet apprentissage « une plaque n'a pas de flamme, mais elle brûle quand même ».

Autre exemple, si vous avez appris à jouer du piano, vous n'aurez pas à refaire cet apprentissage à chaque fois que vous allez vous retrouver devant le clavier d'un piano ou d'un synthétiseur. Vous allez généraliser cet apprentissage et retrouver l'emplacement des touches là où vous vous attendez qu'elles soient. La généralisation nous épargne donc bien de perdre de l'énergie dans la gestion du quotidien.

Mais elle a aussi ses limites et ses inconvénients. Le filtre de la généralisation conduit à considérer que ce qui s'est produit une ou plusieurs fois se reproduira, c'est ainsi que nous construisons nos croyances. Et c'est là que cela pose problème. Il suffit que nous ayons eu une expérience malheureuse une fois, pour que nous en tirions la conclusion hâtive que toutes les expériences du même ordre vont être négatives.

Imaginez la scène : vous vous baladez tranquillement seul dans la rue un samedi soir, et dans une allée sombre il y a un gros chien (disons un pitbull ou rottweiler) qui vous montre les crocs, ce qui vient naturellement créer un sentiment de peur. Votre cerveau va généraliser « les chiens sont dangereux ». Mais cette croyance n'est pas forcément vraie! Oui, certains pitbulls peuvent être dangereux, mais d'autres pitbulls peuvent toutefois être très bien dressés et ne représenter aucune menace. Dans la même idée, il n'y a pas de raisons d'avoir peur d'un caniche, d'un chihuahua ou d'un petit chiot ! Cette association chien-danger est déjà très hâtive, mais elle aurait pu être encore plus poussée. Par exemple, le cerveau aurait pu associer le fait d'être seul à un danger, une allée sombre à un danger, le samedi à un danger, le soir à un danger, le quartier dans lequel on se trouvait, ou même la ville à un danger.

Un peu tiré par les cheveux me direz-vous, et pourtant c'est bien là le problème des phobies et de nos peurs : elles ne sont pas rationnelles ! Ces apprentissages se font de manière automatique et inconsciente, ce qui explique pourquoi le simple fait de vouloir se libérer de la peur n'est pas toujours suffisant.

Basée sur les ressemblances, la généralisation ne prend plus en compte les différences. Elle est le mécanisme en action derrière les préjugés, le racisme, ou le sexisme par exemple: « les jeunes sont tous des ... », « les personnes âgées sont toujours... », « les chrétiens sont tous.... », « les hommes sont ... », etc. C'est ainsi qu'elle donne naissance à des amalgames comme ceux entre les musulmans et les extrémistes.

Fort heureusement, ce n'est pas parce que nous tombons sur un chien dangereux que nous développons systématiquement une phobie. Il semblerait que cela dépende de l'intensité de l'émotion vécue sur le moment. Plus elle sera forte, plus il y aura de probabilités qu'une véritable phobie se développe.

Auquel cas, il existe bien heureusement des solutions pour sortir de la généralisation et ainsi se libérer de l'emprise de la peur. Lorsqu'une phobie se développe, on constate que la personne tente de mettre en place des solutions qui malheureusement sont bien souvent inefficaces et semblent même empirer les symptômes.

LES TENTATIVES DE SOLUTION QUI EMPIRENT LE PROBLÈME

En cas de danger, le cerveau privilégie trois réponses possibles : l'immobilisation, l'attaque ou la fuite.

L'immobilisation peut nous sauver en nous permettant de nous soustraire à la détection d'un prédateur, comme s'il s'agissait de devenir invisible ou de « se faire oublier » en quelques sortes. C'est une solution simple, peu coûteuse sur le plan énergétique qui permet de faire une courte pause, pour laisser le temps à notre cerveau d'évaluer la situation et d'envisager la meilleure stratégie pour y échapper. Cependant cette stratégie présente un risque. C'est un peu comme l'image du lapin pris dans les phares d'une voiture, qui s'immobilise au milieu de sa course. On comprend rapidement pourquoi cela peut s'avérer dangereux voire fatal.

L'attaque, ou la défense active, est une stratégie hautement risquée et très coûteuse, mais qui permet parfois d'éliminer la source de danger et donc la peur qu'elle engendre. Elle peut être confondue avec la colère en raison de l'agressivité qui la soutient. Mais dans notre monde moderne, et à juste titre, la violence n'est pas moralement autorisée voire illégale. Il a donc fallu développer des stratégies plus adaptées.

La fuite quant à elle, est une stratégie très efficace dans le sens où elle permet d'augmenter la distance entre soi et la source de danger mais elle est coûteuse en énergie, ce qui n'est pas dénué d'un certain risque. Dans notre vie de tous les jours, il existe très peu de danger qui nous poussent à courir. Cependant, lorsqu'une situation nous déplaît ou nous paraît désagréable, nous cherchons le plus possible à l'éviter, ce qui, nous le verrons juste un peu plus loin, s'avère être une tentative de solution qui vient empirer le problème au lieu de le résoudre.

Ces trois réactions présentent donc toutes leurs avantages et leurs inconvénients. Cependant, dans notre monde actuel, nous sommes rarement confrontés à des dangers physiques. Les nouvelles formes de dangers ne nécessitent pas la mise en œuvre de réactions archaïques, c'est pourquoi nous avons dû apprendre à gérer nos peurs différemment.

Giorgio Nardone a construit sa théorie, en partant d'une observation empirique du problème. Il a cherché, dans un premier temps, à comprendre comment les personnes construisent leurs propres prisons, afin de mettre au point, dans un deuxième temps, des techniques d'intervention thérapeutique adaptées. Grâce à ses observations, Nardone a relevé trois stratégies redondantes que les personnes phobiques mettent en place sans en avoir conscience, qui au lieu de résoudre le problème viennent l'empirer:

• L'évitement

La personne a tendance à éviter toutes situations qui pourraient être susceptibles de créer un sentiment de peur. Cela paraît logique: lorsqu'une situation nous semble désagréable, nous allons tout faire pour la fuir. Alors les personnes phobiques organisent leur quotidien pour y être confrontées le moins possible. Si cette stratégie avait pour objectif à la base de créer un apaisement en réduisant tous ces effets désagréables engendrés par la peur, il s'avère qu'elle vient en réalité maintenir et même empirer le problème par la suite puisque la personne va avoir tendance à décupler les évitements. Plus la personne va vouloir éviter les situations, plus elle va se confirmer à elle-même que la situation est dangereuse, plus elle va douter de ses capacités, plus cela va augmenter l'intensité de la peur et plus elle va vouloir éviter les situations, et ainsi de suite/

C'est alors un véritable cercle vicieux qui se crée, pouvant aller jusqu'à engendrer une incapacité complète chez la personne. « L'évitement soulage dans l'immédiat, mais maintient le patient dans une dépendance anxieuse à ses conduites d'évitement : le phobique est en quelque sorte « accro » à la fuite » nous dit Christophe André, psychiatre et psychothérapeute français. Dans son livre *Psychologie de la peur*, il explique que les évitements peuvent être de plusieurs types : des évitements de situation, de pensées, de mots, ou d'images, ou encore de sensations.

Mais les évitements peuvent être plus subtils. Étant donné que nous vivons dans une société où nous avons des devoirs, et des tâches à accomplir, nous ne pouvons pas toujours nous permettre d'échapper à certaines situations. Les personnes phobiques vont alors réussir à se confronter à ces situations seulement sous certaines conditions, ou de manière incomplète. Par exemple une personne agoraphobe va éviter seulement certains endroits (un magasin où elle a déjà fait une crise d'angoisse), elle ne va faire ses courses qu'à certaines heures, ou essayer de s'occuper dans les situations anxiogènes etc. Ces évitements sont souvent inconscients. Qu'ils soient subtils ou non, ils n'en restent pas moins toxiques pour la personne, car tant qu'elle évite ce qu'elle redoute, l'anxiété ne peut diminuer sur le long terme.

• La demande d'aide

Cette stratégie consiste à demander de l'aide à son entourage pour être accompagnée ou soutenue afin que quelqu'un puisse gérer à sa place la situation en cas de crise. Les pires maux découlent des meilleurs intentions, ou comme le suggère l'adage populaire « l'enfer est pavé de bonnes intentions ». Dit autrement, la volonté chez les proches de bien faire ou de faire le bien aboutit parfois au contraire du résultat espéré. En pensant aider une personne phobique, son entourage se rend en réalité complice du problème, en l'empêchant de développer par elle-même ses capacités à faire face à la peur. Ainsi, la personne perd encore plus confiance en elle-même, allant jusqu'à culpabiliser de ne « pas être capable » de gérer seule sa phobie. Comme pour les évitements, la demande tend à se généraliser jusqu'à devenir par la suite une nécessité absolue d'être escorté.

À titre d'exemple, pendant longtemps, je demandais à ma mère de m'accompagner dans les situations qui m'angoissaient. Et pour faire court, il y en avait beaucoup. Il m'arrivait aussi de demander à mon petit frère de venir avec moi. Dans les deux cas, leurs présences me rassuraient mais le stress était, lui, toujours présent. Je n'avais pas conscience à quel point cette stratégie me limitait dans ma vie. Ce n'est que lorsque je me suis forcée à faire les choses par moi-même que je me suis aperçue que j'étais en réalité capable de les faire et que l'angoisse a pu diminuer.

Nardone souligne que « la recherche expérimentale et clinique démontre clairement que si une personne entraînée par sa peur commence à éviter les situations considérées menaçantes et demande systématiquement de l'aide, en l'espace de quelques mois, une véritable pathologie phobique ce sera formée ». Il poursuit en expliquant que lorsque la personne arrête de demander de l'aide, on observe une réduction de la peur et une augmentation de la confiance en ses propres capacités.

• Le besoin de contrôle

Paradoxalement, plus la personne cherche à contrôler, plus elle perd le contrôle. Par exemple, elle va vouloir contrôler ses réactions physiques, tel que son rythme cardiaque, ou encore sa respiration. À trop s'y focaliser dessus, elle va forcément en altérer sa perception. Le simple fait de mettre votre attention sur votre respiration vous permettra de vous apercevoir qu'elle se modifie, ce qui est tout à fait normal. Pour une personne phobique, cette modification sera le signe que quelque chose « ne va pas », augmentant ainsi chez elle la peur. Elle interprètera chaque symptôme, chaque signe comme quelque chose de négatif. Logiquement, elle va alors chercher à rétablir un équilibre émotionnel en tentant de se calmer, et d'apaiser les ressentis désagréables. Malheureusement, plus elle s'efforce de ne pas avoir peur en essayant tant bien que mal de se calmer, plus la peur devient intense.

En résumé, plus la personne veut maîtriser ses émotions et plus elles lui échappent. C'est ainsi que les émotions peuvent gagner en puissance jusqu'à la crise de panique et la perte de contrôle.

Ce besoin excessif de contrôle peut même pousser certaines personnes à mettre au point des rituels « protecteurs », dans le but de combattre la peur ou de faire en sorte qu'elle ne se présente pas. Un phénomène que l'on retrouve majoritairement chez les personnes souffrant de troubles obsessionnels compulsifs. Leurs vies consistent alors à répéter des séquences bien précises d'actions ou de pensées afin de se rassurer. À force de vouloir tout répéter et tout contrôler, elles se mettent de plus en plus à douter de leurs propres capacités au point même de douter d'avoir bien effectué leur rituel.

Tous ces échecs de résolution du problème entraînent ensuite la peur d'avoir peur. L'être humain possède la capacité d'imaginer des dangers terribles là où il n'y en a pas, et en ce sens, devient l'artisan de ses propres peurs. Mark Twain nous dirait « je suis un vieil homme qui a connu bien des difficultés, mais la plupart d'entre elles ne se sont jamais produites. »

Ce sont donc toutes ses stratégies qui aboutissent à la création et à la formation d'une phobie. Bien qu'au début elles apaisent la peur, une fois répétées, toutes ces tentatives de résolution du problème viennent l'empirer au lieu de le résoudre.

Diminuer la peur est la seule chose qui importe à la personne, ce qui la pousse à répéter ces stratégies même si, au bout d'un certain temps, elle-même arrive à percevoir qu'elles ne sont pas efficaces. Elle a conscience que cela vient exacerber ses émotions, mais elle se retrouve incapable de changer de stratégie.

Nardone nous dit également que « généralement, ces personnes savent et ont parfaitement compris le phénomène, leur incapacité réside dans le fait de pouvoir faire quelque chose de différent. Le traitement doit donc être focalisé précisément sur le fait de les conduire à mener concrètement diverses expériences perceptivo-émotives par des escamotages suggestifs. » Il précise aussi qu' « une pathologie phobique ne se surmonte totalement que lorsque la personne change ses perceptions de réalités menaçantes, et, par conséquent, ses réactions et ses connaissances »

EN CONCLUSION

La peur est un peu comme cette personne qui s'invite sans que vous ne le lui ayez proposé. Elle vient chez vous, et puis commence progressivement à s'y installer. Elle dort dans votre canapé. Elle commence à se servir dans votre réfrigérateur et à manger vos gâteaux favoris. Elle occupe votre salle de bain.

Et elle ne s'arrête pas là. Elle va ensuite commencer à vous donner des ordres « ne mange pas maintenant, parce que j'ai décidé que tu n'avais pas faim », « laisse-moi ton lit pour dormir cette nuit, et dors par terre à la place, tu seras mieux », « va aux toilettes à ma place »...

Comme si cela n'était pas suffisant, elle va analyser chacun de vos gestes, et chacune de vos actions pour s'assurer que vous faites bien ce qu'elle veut. Si vous faites mal le boulot, elle vous critiquera et vous humiliera, et ce même en public pour que cela laisse bien sa trace dans votre esprit. Et puis elle vous suivra partout. Vraiment partout.

Voilà comment la peur s'immisce lentement dans votre esprit et dans votre vie pour en tirer les ficelles. Elle vous contraint très sournoisement et progressivement à resserrer les limites de votre zone de confort pour mieux vous y enfermer. En l'accueillant à l'intérieur de vous, vous êtes devenu votre propre geôlier. C'est ainsi que, poussé par la peur, vous construisez vous-même votre propre piège et vous vous retrouvez incapable de vous en libérer. Ce qui explique pourquoi il n'est pas toujours simple de s'en libérer seul et qu'une intervention thérapeutique est parfois nécessaire.

****

EXERCICE PRATIQUE

• Évaluer l'impact de la peur sur le quotidien

La peur vous pousse-t-elle à organiser votre quotidien de manière à éviter certaines situations, à demander de l'aide à l'un de vos proches, ou à vouloir contrôler vos émotions et vos comportements? Avez-vous déjà mis en place l'une des trois stratégies décrites dans ce chapitre? Auquel cas, quel effet cela a-t-il eu? Une fois mises en place, ces stratégies ont-elles réglé le problème ou les peurs finissent-elles par revenir?

2.
IDENTIFIER SES PEURS ET DÉFINIR SON OBJECTIF

« Celui qui n'a pas d'objectifs ne risque pas de les atteindre. »
Sun Tzu

Imaginez que vous essayiez de vous défendre contre un adversaire invisible. Il y a de fortes chances que vous vous preniez pour un ninja et que vous gigotiez dans tous les sens, en donnant des coups de pieds et de poing de manière aléatoire pour tenter de vous protéger. Dans votre imitation de Bruce Lee, vous allez peut-être même réussir à vous blesser en vous froissant un muscle. Il y a surtout de fortes éventualités que vous vous épuisiez considérablement et inutilement au passage... mais qui sait ? par chance vous allez peut-être réussir à le toucher ! Néanmoins, la probabilité que cela soit possible est extrêmement faible, pour ne pas dire inexistante. Soyons honnêtes, cela reviendrait à chercher une aiguille dans une botte de foin.

Comment voulez-vous attaquer ou vous protéger contre quelque chose que vous ne voyez pas ? Comment voulez-vous vous libérer d'une peur si vous ne savez pas exactement de quoi vous avez réellement peur ? Vous pensez peut-être savoir. Or, je suis forcée de constater en consultation que peu de personnes, même en les poussant un peu dans leur réflexion, sont en capacité de répondre à cette question qui peut pourtant paraître très simple au premier abord : de quoi avez-vous peur?

J'ai souvent le droit à une réponse du genre « j'ai peur des araignées », ou « j'ai peur de conduire », ou encore « j'ai peur du vide ». Mais lorsqu'on leur demande ce qui leur fait vraiment peur là dedans, elles ne savent pas toujours quoi répondre. Elles n'ont tout simplement pas correctement identifié leur peur.

Rassurez-vous, ce phénomène est tout à fait naturel car beaucoup de nos peurs sont inconscientes. Donc littéralement, elles ne sont pas conscientes. C'est pourquoi, nous distinguons les peurs conscientes des peurs inconscientes.

Les peurs conscientes sont celles qui peuvent être difficilement explicables, mais vous savez qu'elles sont là parce que vous y avez été souvent confrontés. Cela va être par exemple : la peur des araignées, des souris, du vide, de prendre la voiture, de parler en public, etc. C'est une peur qu'on pourrait appeler de surface.

Les peurs inconscientes, elles, sont un peu plus diffuses. Il est plus difficile de les cerner, et de savoir précisément ce qu'elles sont. Elles ne se manifestent pas autant physiquement que les peurs conscientes, dans le sens où vous prenez conscience de ces peurs inconscientes seulement lorsque vous ressentez des sensations de gêne, de mal-être et d'inconfort, sans comprendre véritablement pourquoi vous les ressentez. C'est par exemple la peur du changement, de s'engager, de réussir, de l'abandon ou de la mort. On pourrait dire cette fois-ci que ce sont les peurs profondes.

Vous connaissez le fameux panneau de signalisation de la SNCF « un train peut en cacher un autre ». Eh bien, on pourrait dire ici « une peur peut en cacher une autre. » Dans ce chapitre, nous allons commencer par voir ensemble une astuce qui pourra vous permettre de mieux identifier vos peurs, en révélant celles qui sont plus profondes. Cela vous permettra d'y voir un peu plus clair et d'avancer plus précisément vers votre objectif. Pour cela, vous aurez besoin d'une feuille, d'un stylo et d'un peu de temps. Cet exercice se décompose en deux étapes :

Dans un premier temps, vous allez tout d'abord commencer par noter la (ou les) peur(s) consciente(s) que vous avez. Donc par exemple : la peur des chiens, des serpents, des aiguilles, du sang, etc.

Ensuite, demandez-vous : « qu'est ce qui me fait réellement peur là dedans ? » et notez la réponse qui vous est venue. Recommencez plusieurs fois ce procédé de manière à avoir plusieurs réponses inscrites.

Prenons un exemple concret. Mettons que vous ayez la peur de parler en public. Vous vous êtes donc demandé « qu'est ce qui me fait vraiment peur là dedans », et vous avez noté une réponse. Peut-être que c'était quelque chose comme « j'ai peur de bafouiller ». Très bien, notez-le donc juste à côté.

Peur de parler en public → peur de bafouiller

Vous allez maintenant vous reposer à nouveau la même question : « Qu'est-ce qui me fait peur dans le fait de bafouiller ? ». Comme précédemment, notez ensuite la réponse qui vous est venue. Par exemple, cela peut être la « peur d'être ridicule. »

Peur de parler en public → peur de bafouiller → peur d'être ridicule

Reposez-vous à nouveau la question autant de fois que nécessaire. L'idée est d'enlever des couches pour découvrir ce qui se cache derrière.

Peur de parler en public → peur de bafouiller → peur d'être ridicule → etc

Au bout d'un moment vous allez avoir l'impression de tourner en rond. Mais pour l'instant ce ne sont encore que des peurs superficielles. Creusez encore jusqu'à trouver une peur profonde. Dans cet exemple, cela pourrait être :

> *Peur de parler en public → peur de bafouiller → peur d'être ridicule → peur d'être critiqué → peur de ne pas être accepté pour ce que je suis → peur d'être rejeté →* ***peur d'être seul***

Et voilà ! Vous venez de tomber sur une peur profonde !

Voici maintenant un exemple personnel concernant la peur de me filmer :

> *Peur de me filmer → peur d'être jugée/critiquée → peur de ne pas être acceptée pour ce que je suis → peur de montrer qui je suis → peur de me mettre en avant →* ***peur de vivre.***

J'ai été très surprise de tomber sur la peur de vivre, mais je sentais que je venais de toucher un point sensible lorsque je sentis mon rythme cardiaque s'accélérer et une étrange sensation de chaleur dans tout mon corps. Je ne m'autorisais pas à vivre pleinement!

En revanche, il me paraît important de préciser que je n'ai pu prendre conscience de cette peur qu'après l'avoir dépassée. Il est donc possible que vous ne tombiez pas tout de suite sur une peur profonde.

C'est pourquoi je vous invite donc à faire la liste la plus complète possible, en continuant même dans les jours qui suivent d'en rajouter, s'il vous en vient d'autres à l'esprit.

Maintenant que vous avez pu un peu mieux identifier votre peur, vous êtes prêt pour l'étape suivante: définir clairement votre objectif.

DÉFINIR CORRECTEMENT SON OBJECTIF

J'ai vu passer beaucoup de personnes dans mon cabinet. Et s'il y a bien un point commun entre toutes ces personnes, c'est qu'elles ne savent pas réellement ce qu'elles veulent. Lorsque je leur demande ce qui les amène en consultation, j'ai tout de suite droit à un résumé (parfois très bien construit d'ailleurs) de ce qu'elles ne veulent plus: « Je ne veux plus avoir peur », « J'en ai marre de ces kilos en trop », « je ne veux plus stresser », etc. Bien que je leur explique ensuite qu'elles viennent de me dire ce qu'elles ne veulent plus et que j'aimerai maintenant savoir ce qu'elles veulent pour pouvoir les aider à avancer vers leur objectif, je suis à chaque fois extrêmement surprise de constater que leurs réponses restent très vagues. Elles ne savent pas vraiment ce qu'elles veulent. Comment voulez-vous atteindre un objectif si vous ne savez pas réellement le définir ?

C'est un peu comme si vous faisiez une liste de course en marquant tout ce que vous ne voulez pas acheter : je ne veux pas de carottes, je ne veux pas de pommes, je ne veux pas de yaourts à la fraise, je ne veux pas de poulet ….etc. Vous seriez bien embêté pour faire vos courses, vous ne pensez pas ? Cela ne vous viendrait probablement même pas à l'esprit de faire une telle liste ! Alors pourquoi faites-vous cela avec vos objectifs ?

Si vous désirez vous libérer d'une – voire peut-être même plusieurs – peurs, je vous félicite tout d'abord d'avoir pris cette décision, mais percevez-vous à quel point cet objectif est on ne peut plus vague ?

Imaginez que vous vous rendiez à votre banque car vous souhaitez obtenir un prêt. Vous dites alors à votre conseiller: « je veux de l'argent ». Que pensez-vous qu'il va vous répondre ? Probablement quelque chose comme : « comme beaucoup de personnes ! ». Cela ne sera pas suffisant pour permettre à votre banquier de vous faire confiance pour vous accorder le prêt. Il a besoin d'être convaincu, que vous lui apportiez des arguments forts, que vous lui montriez que vous avez réfléchi sérieusement à votre projet, et que vous êtes surtout très déterminé pour le mettre en place.

Imaginez maintenant la même scène, mais vous venez cette fois-ci avec un dossier complet précisant le montant désiré, en expliquant votre projet et en quoi vous pensez qu'il tient la route, en détaillant tous les coûts éventuels que vous estimez, en apportant toutes les garanties comme quoi vous vous engagez à rembourser le prêt sans fautes, en faisant peut-être même une lettre de motivation ...etc. Je ne suis pas banquière, mais j'aurai déjà une bonne impression de la personne et je serais plus à même de répondre à sa demande puisqu'elle m'a détaillé exactement ce qu'elle voulait.

Définir un objectif est une étape cruciale que très peu de personnes prennent le temps de faire. Je ne peux que vous inviter à faire parti des gens qui se donnent les moyens de réussir en réfléchissant et en prenant le temps de répondre le plus soigneusement et précisément possible aux questions que je vais vous poser un peu plus bas. Je vous prie de croire que je ne vous conseillerai pas de le faire si cela n'était pas vraiment important.

Alors si vous êtes toujours bien équipé de votre feuille et de votre stylo, commençons par la première question :

1) Pourquoi est-ce important pour vous de dépasser votre peur ?

C'est une question volontairement naïve que je pose systématiquement à chacune de mes consultations. Je cherche ici les motivations profondes de la personne pour lui permettre d'avoir l'énergie et la détermination pour atteindre son objectif. Je veux toucher une émotion forte chez la personne. Si elle me répond « je ne veux plus avoir peur d'avoir peur parce que je serai plus heureuse dans ma vie » comme elle me dirait « hier j'ai mangé une pomme », vous pouvez être sûre que je vais la relancer ! Si cela la rendait vraiment heureuse d'être libérée de sa peur, cela devrait au minimum s'entendre dans sa voix, et se percevoir dans ses expressions faciales ! Si je ne perçois pas d'émotions assez fortes, je lui demande alors d'essayer de me convaincre qu'elle veut vraiment changer. Après tout, cela paraît logique : si je ressens la personne motivée, je serais alors moi-même beaucoup plus déterminée à l'aider à atteindre son objectif. Et oui, il n'y a pas que moi qui travaille dans une séance ! J'ai besoin d'une implication et d'un engagement de la personne que je reçois.

Une émotion. Voilà ce que vous devez chercher au plus profond de vous-même. Cela peut même être de la colère. La colère est très utile pour nous permettre d'évoluer. J'ai souvent entendu des per-

sonnes expliquer qu'elles avaient pu se libérer de leur problème parce qu'elles étaient vraiment en colère envers elles-mêmes et leurs situations qu'elles ne supportaient plus. Elles en avaient marre d'en avoir marre en quelques sorte. Les changements n'ont ensuite pas tardé à suivre, comme si cela avait été le déclic pour avancer !
Revenons à notre question : pourquoi souhaitez-vous vous libérer de l'emprise négative de la peur ? Qu'est-ce que cela va changer pour vous ?

Ajoutons une précision. Il est important que vous formuliez votre réponse de manière positive. Si vous répondez « parce que j'en ai marre d'avoir peur, ça me pourrit la vie », la formulation est négative. Une réponse positive serait par exemple : « parce que je veux vivre ma vie pleinement », « je veux me sentir libre de faire telle ou telle chose etc. » Vous voyez un peu l'idée ?
Pour vous aider, vous pouvez par exemple imaginer que vous n'avez plus peur d'avoir peur. Allez-y, faites ce petit jeu. Vous n'avez plus peur d'avoir peur. Qu'est-ce que cela change ? Comment vous sentez-vous ? Qu'est-ce que cela vous permet de faire? Notez ensuite tout ce qui vous vient à l'esprit.

Bien, normalement vous avez dû passer déjà pas mal de temps sur cette question. Si ce n'est pas le cas, retournez vite sur votre feuille pour approfondir davantage vos réponses.

Maintenant, et un peu dans la même idée mais cette fois plutôt du côté désagréable, je vais vous inviter à vous projeter un peu :

2) Que se passerait-il si vous ne changiez pas ?

Imaginez que vous restez comme vous êtes, avec les mêmes stratégies, les mêmes comportements, et les mêmes réactions face à la peur...Comment est votre vie ? Est-ce qu'elle vous convient ? Est-ce que vous êtes heureux ? Quels sont les enjeux de ne pas changer ? Quelles conséquences cela pourrait-il avoir? Pour vous ? Pour votre entourage peut-être ? Et si on se projette dans 5 ans ou 10 ans... est-ce que la vie que vous avez est agréable ?

Si vous faites correctement cet exercice, il est possible que vous vous sentiez mal... Sinon, c'est qu'il y a quelque chose d'important sur lequel nous allons devoir travailler :

3) Y aurait-il un ou plusieurs avantages à rester tel que vous êtes ?

Vous ne vous êtes certainement jamais posé cette question. Nous percevons plus facilement les inconvénients que posent notre problème. Pourtant cette question est totalement légitime: s'il n'y avait que des inconvénients alors pourquoi avez-vous encore peur ? Allez, je vous aide un peu.

Prenons l'exemple d'une personne qui fume. Elle sait rationnellement que ce n'est pas bien de fumer, elle connaît très bien tous les inconvénients, elle peut même en faire une liste extrêmement détaillée. Et pourtant elle continue de fumer ! Et c'est même souvent ce qui est extrêmement frustrant. Elles savent que c'est dangereux, mais elles continuent quand même. C'est pour cette raison que la volonté ne fait pas tout. Car bien souvent, c'est qu'il y a un avantage, un bénéfice derrière un comportement. Bien évidemment, tout cela est bien souvent inconscient. Cependant, en se posant la question sincèrement, on peut parfois avoir une idée un peu plus précise. Par exemple, un fumeur va dire « eh bien c'est vrai que le fait de fumer ça m'apaise, ça me détend ». Ah voilà. C'est parfois aussi simple. Après tout, pourquoi l'inconscient se débarrasserait d'un comportement qui lui fait du bien?

Alors je vous repose la question : quel pourrait être l'avantage d'avoir cette peur ? Est-ce qu'il ne pourrait pas y avoir quelques avantages à peine cachés à rester tel que vous êtes ? Réfléchissez bien.

De manière générale, une peur est là pour nous protéger. C'est pour cette raison qu'il ne s'agit pas de s'en débarrasser totalement, parce qu'elle a une réelle utilité comme nous l'avons vu dans le chapitre précédent. Elle nous évite d'être en danger, de prendre des risques qui pourraient être fatals.

Dans votre cas, peut-être que votre peur permet d'avoir l'attention de votre entourage, de vous sentir aimé, ou cela vous évite de dire des choses qui pourraient blesser. Les possibilités sont nombreuses !

Dans la même idée, est-ce que cela pourrait poser problème de ne plus avoir cette peur ? Avant de répondre tout de suite, « et bien non au contraire... ! », prenez le temps de bien réfléchir.

Si je reprends l'exemple d'une personne qui fume, elle peut avoir peur d'arrêter de fumer. Oui, oui, vous avez bien lu. Après tout comment va-t-elle faire en soirée sans cigarettes ? Il y avait un côté social et convivial là-dedans... Et qui est-elle véritablement sans cigarette ? Celle-ci fait partie de sa vie depuis tellement longtemps maintenant. Elle fait même presque partie de sa personnalité. Ou encore, peut-être le fumeur a-t-il peur de prendre du poids s'il arrête ? Derrière un changement, il y a toujours de l'inconnu, et cela n'est pas toujours très rassurant. Car lorsque nous changeons, cela laisse un vide... C'est pourquoi il nous arrive de résister inconsciemment au changement. Peut-être que vous ne vous sentez pas bien, mais au moins il n'y a rien de nouveau ! Et votre problème est peut-être même devenu une véritable occupation. Après tout, qu'allez-vous faire après avoir changé ? Vos peurs, vos angoisses, vos craintes, vos routines occupaient bien vos journées ! Combien d'heures avez-vous passé à penser à votre peur ? Et votre entourage, comment va-t-il vivre ce changement ? Maintenant que vous arrivez à vous affirmer, ou à aller faire vos courses tout seul ?

Si vous avez trouvé quelques bénéfices secondaires, ne vous inquiétez pas, il est tout à fait possible de changer tout en continuant d'avoir les mêmes avantages que procuraient la peur. Mais, peut-être n'en avez-vous trouvé aucun! Cela sera beaucoup plus simple car cela veut dire qu'il n'y a absolument rien alors qui pourrait vous empêcher de changer. Toutefois, si c'est le cas, demandez-vous pourquoi vous n'avez pas déjà changé.

Avec ou sans avantages, j'aimerais que vous vous demandiez maintenant :

4) Qu'est-ce qui vous empêche de dépasser cette peur ?

Quand vous avez imaginé votre vie sans la peur, si vous vous êtes senti bien, et qu'il n'y avait aucun problème alors dans ce cas-là vous n'avez pas besoin de vous attarder sur cette question. Maintenant, si vous avez ressenti une sensation désagréable, comme une gêne, alors au contraire, j'aimerai que vous preniez le temps d'identifier ce qui bloque. Peut-être était-ce une pensée du type : « je n'y arriverai pas, je n'en suis pas capable ». Ou bien seulement une sensation désagréable. Comme si quelque chose à l'intérieur avait du mal à *croire* que vous soyez capable de vous libérer de vos peurs. Ce n'est pourtant pas l'envie qui vous manque ou une question de volonté. Pas d'inquiétudes. Vous venez tout simplement de tomber sur une croyance limitante. Ces dernières nous empêchent souvent de nous libérer d'un problème, c'est pourquoi nous verrons dans le prochain chapitre comment les transformer.

De même, il est également possible que vous tombiez sur une peur profonde en vous posant cette question. Soyez attentif aux sensations, aux ressentis, aux pensées, qui se présentent à vous.

5) Comment saurez-vous que vous avez réellement changé ?

Encore une question qui peut paraître un peu simpliste mais qui va pourtant faire une grosse différence dans votre évolution.

En consultation, j'illustre souvent cette question en expliquant comment les personnes qui perdent du poids ne s'aperçoivent pas qu'elles en ont déjà perdu. Un véritable comble ! Cela s'explique tout d'abord par le fait qu'une perte de poids s'effectue de manière tellement progressive que ce sera seulement le décalage par rapport au point de départ qui nous permettra de constater les changements. Seul le temps pourra permettre cette observation. Mais cela s'explique aussi tout simplement par le fait que la personne ne se voit littéralement pas évoluer ! Un peu comme si une partie d'elle était restée figée dans le temps, là où elle avait encore ces quelques kilos en surplus. Elle a gardé cette image interne d'elle-même, et elle continue à percevoir son corps avec ses rondeurs. Son image interne altère sa perception de la réalité.

L'idée est donc de trouver des éléments concrets, vérifiables par tous qui permettraient de valider les changements. Si je poursuis avec l'exemple des kilos en trop, la personne pourrait se dire « quand je rentrerai dans tel vêtement, cela voudra dire que j'ai maigri », ou encore « lorsque je reprendrai mon souffle plus rapidement après avoir monté les escaliers alors j'aurais perdu du poids ».

Par rapport à la peur maintenant, si vous dites « je me sentirais mieux, tout simplement », voilà quelque chose de difficilement vérifiable car vous aurez énormément de difficultés à évaluer ce que cela représente d'être « mieux ». Il faut donc quelque chose de plus concret. Cela peut être par exemple « je serai plus à l'aise au moment de parler en public car ma voix sera posée, forte pour que tout le monde m'entende, mes propos seront cohérents, et je ne transpirerai pas autant ». Ou, « lorsque je n'aurai plus peur des chiens, je pourrais marcher dans la rue sans changer de trottoir lorsque j'en croiserai un ». Ou encore « je n'aurai plus toutes ces pensées angoissantes avant de prendre la voiture. »

Tout l'intérêt de se poser ces questions est de pouvoir confirmer que vous êtes sur la bonne voie, et que vous êtes bel et bien en train d'évoluer. Car lorsque vous réagirez comme vous l'aviez prédit, vous saurez que vous avez changé et que vous êtes celle ou celui que vous vouliez devenir. Même vos proches pourront alors le remarquer.

Cela vous permettra également de vous revaloriser et de reprendre confiance en vous. Même si l'objectif peut paraître simple pour les autres, cela représentera un énorme pas pour vous. Voilà tout ce qui importe. C'est de cette manière que la petite voix qui doutait auparavant que vous alliez réussir à changer, pourra alors se sentir plus rassurée. Elle n'aura plus le choix de changer lorsque vous serez libéré de votre peur.

Et justement...

6) Qu'est-ce qui va faire que vous allez réussir à vous libérer de votre peur ?

Quelles ressources, qualités, compétences avez-vous en vous ? Quelles démarches avez-vous peut être entrepris jusqu'à aujourd'hui ? Pourquoi êtes-vous capable de changer ? Encore une fois, faites comme si vous essayiez de me convaincre – moi, ou une autre personne, cela n'a vraiment pas d'importance. Recherchez tout ce qu'il y a de plus beau en vous. Toutes les choses positives qui vont vous permettre d'atteindre vos objectifs.

Par exemple, vous pourriez écrire : « je connais quelqu'un qui a réussi à se libérer de ses peurs, donc si il ou elle a pu le faire je le peux aussi ». Ou alors « je suis têtue, quand j'ai décidé quelque chose je vais au bout. Je ne suis pas du genre à abandonner. » Ou encore, « auparavant cette peur n'était pas limitante, donc je sais que je peux le faire puisque j'ai déjà vécu plus sereinement ».

FAIRE UNE SYNTHÈSE

Maintenant que vous avez bien travaillé et que vous avez répondu à toutes ces questions - vous avez pris le temps de le faire n'est ce pas ? - je vous propose de faire une petite synthèse de ce que vous avez écrit afin de résumer tout ce processus et de mettre vos idées en ordre. Pour cela, vous allez reprendre toutes les questions une à une et remplir les petits points « ... » juste en dessous :

« je souhaite me libérer de la peur ...*(la peur dont vous souffrez)*... et c'est important pour moi car ... Car si je ne change pas .... Bien sûr, il y a tel avantage à prendre en compte... Il y a *(quelque chose)* qui peut m'en empêcher ....je saurai que j'ai changé quand ...Car j'ai *(telles ressources)* qui vont me permettre de réussir. »

Plus concrètement, cela pourrait donner quelque chose comme :

« Je souhaite me libérer de la peur de me filmer. C'est important pour moi car j'ai pleins d'idées que je souhaiterai partager. Si je ne change pas, je n'aurai pas l'impression d'avoir donné le meilleur de moi-même et d'être allé au bout de mes rêves. Bien sûr, j'apprécie le fait de rester dans l'ombre et d'être ainsi protéger des critiques, mais mes connaissances pourraient certainement aider d'autres personnes. Je saurai que j'ai changé quand je ressentirai de l'excitation à l'idée de me filmer. Car je suis déterminée et persuadée de la valeur que je peux apporter aux autres. »

L'idée étant de synthétiser vos réponses, vous n'avez pas besoin d'écrire un roman, une quinzaine de lignes suffira amplement. L'idéal serait ensuite de garder ce résumé près de vous, à un endroit où vous pourrez le voir régulièrement, et de le relire au moins une fois par jour afin qu'il s'intègre bien en vous. Cela vous permettra de vous souvenir plus facilement de toutes les raisons pour lesquelles vous êtes déterminé à avancer dans votre vie, et de venir y insuffler toute l'énergie nécessaire pour cela.

****

EN RÉSUMÉ

Commencez par identifier vos peurs, puis posez-vous ensuite les questions suivantes :

1. Pourquoi est-ce important pour vous de dépasser votre peur ?
2. Que se passerait-il si vous ne changiez pas ?
3. Y a-t-il un avantage à rester tel que vous êtes ?
4. Qu'est-ce qui vous empêche de dépasser cette peur ?
5. Comment saurez-vous que vous avez changé ?
6. Qu'est-ce qui va faire que vous allez réussir à vous libérer de votre peur ?

Faites-en un résumé que vous pourrez regarder régulièrement afin de l'intégrer.

3.
LES CROYANCES

« Que vous pensiez être capable ou ne pas être capable, dans les deux cas, vous avez raison. »
Henry Ford

Nous vivons tous dans le même monde : les mêmes personnes avec les mêmes vêtements, les mêmes objets, les mêmes paysages, les mêmes voitures, etc. Cependant, notre perception peut être totalement différente d'une personne à une autre. En excluant tout problème physique qui pourrait expliquer ces différences (daltonisme ou autres), ce sont nos croyances par rapport à notre environnement qui viennent influencer notre perception de la réalité, et par extension, nos réactions, nos ressentis, et nos comportements. Un peu comme si nous portions tous des lunettes déformantes. La particularité de ces lunettes c'est que nous les portons tous, mais que nous n'en avons bien souvent pas conscience. Nos croyances, qui sont autant de filtres entre le monde réel et nous, dictent nos actions, nos réactions et nos attitudes et influencent considérablement notre réalité et notre efficacité quotidienne.

Selon *« Le grand dictionnaire de la psychologie »* édité par Larousse, la croyance « désigne l'attitude intellectuelle d'une personne qui tient pour vrai un énoncé ou un fait sans qu'il y ait nécessairement une démonstration objective et acceptable de cette attitude. »

C'est pourquoi, comme le dit Olivier Lockert, hypnothérapeute et enseignant en hypnose, « lorsqu'on analyse une croyance de façon lucide et cartésienne, il s'agit souvent d'une affirmation péremptoire sans racine concrète autre que le jugement de la personne par rapport à une situation concrète ». En d'autres mots, une croyance n'a pas toujours de fondement puisqu'elle se base sur la perception que nous avons d'une situation, et sur nos convictions personnelles. C'est une pensée construite et très personnelle dont nous avons l'intime conviction qu'elle est valide, vraie, réelle, authentique et véritable et qui nous sert de repère dans la vie de tous les jours. Bien souvent, certaines de nos croyances sont à l'origine de nos problèmes, nos blocages, et les difficultés que nous rencontrons. C'est pourquoi un distingue 2 types de croyances :

- les croyances positives, facilitantes ou aidantes: elles nous aident à identifier et à tirer le meilleur parti des opportunités potentielles. Celles-ci sont positives et nous permettent d'évoluer.
- Les croyances limitantes : à l'inverse, ce sont des affirmations ou des convictions qui nous brident et nous empêchent d'atteindre notre plein potentiel.

Voici quelques exemples de croyances positives : « le passé ne dicte pas le futur », « on peut modifier nos croyances », « le bonheur ne dépend que de moi », « tout est expérience », « il n'y pas d'échecs dans la vie ». Voilà maintenant quelques exemples de croyances limitantes que j'entends assez régulièrement en consultations, (et même en dehors de mon cabinet): « je suis trop vieux », « je suis trop jeune », « je suis trop grand », « je suis trop petit », « je ne suis pas assez fort », « je n'ai pas le droit à l'erreur », « je ne mérite pas d'être heureux(se) », « je ne mérite pas d'être aimé », « je suis trop timide pour rencontrer quelqu'un », « je ne suis pas capable de réaliser ce projet », « il est trop tard pour changer, mon problème est là depuis tellement longtemps qu'il ne peut pas partir rapidement »…

Nos croyances ont la particularité de s'auto-réaliser: plus nous croyons en quelque chose plus il y a de chances que cela devienne notre réalité. C'est le principe de la prophétie auto-réalisatrice, décrite par le sociologue Robert K. Merton en 1942, à partir du « théorème de Thomas ». Merton caractérise la notion comme « une définition d'abord fausse d'une situation qui, en suscitant un nouveau comportement, rendrait cette définition vraie ». En outre, on ne croit pas que ce qu'on voit, comme disait Saint-Thomas, mais on ne perçoit que ce que l'on croit, nous rectifie William Thomas. Une affirmation que la physique quantique tend à démontrer. Selon Thomas, « si les hommes considèrent des situations comme réelles, alors elles le deviennent dans leurs conséquences. » Tant et si bien que nos comportements se modifient afin que notre réalité soit conforme à notre propre conviction.

De surcroît, elles présentent également la particularité de s'auto-vérifier et donc de se renforcer par elles-mêmes: plus nous y croyons, plus nous allons trouver des preuves pour les justifier et ce faisant, nous les renforçons encore davantage. C'est le fameux biais de confirmation d'hypothèse : les êtres humains ont une tendance naturelle à privilégier les informations qui confortent leurs préjugés, leurs idées reçues, leurs convictions et leurs hypothèses, et ce sans avoir vérifié la véracité des informations reçues. La personne aura alors tendance à relever et à chercher ce qui confirme ses croyances, et à ignorer, ou sous-estimer l'importance de ce qui les contredit. En quelque sorte, elle devient totalement aveugle à tout ce qui prouve son erreur.

Pour illustrer nos propos, voici l'histoire d'un homme qui est persuadé d'être un cadavre. En accord avec sa croyance, il ne mange pas, ne travaille pas et ne fait que rester assis. Un psychiatre tente tant bien que mal de convaincre l'homme qu'il n'est pas réellement mort, en argumentant et discutant longuement. Le psychiatre lui demande « les cadavres saignent-ils ? ». L'homme réfléchit avant de répondre : « non, toutes les fonctions corporelles ont cessé, il n'y a donc plus de saignements. »

Le psychiatre lui propose alors une expérience : « je vais prendre une aiguille, piquer votre doigt et voir si vous saignez. » Sans grande surprise, le patient se met à saigner. Il regarde son doigt, totalement fasciné, et s'exclame : « Que je sois damné ! Les cadavres saignent ! ».

Dans cet exemple, le patient préfère modifier la croyance que les cadavres ne saignent pas, plutôt que la croyance qu'il est un cadavre. C'est pourquoi il ne sert bien souvent à rien d'argumenter avec une personne qui est persuadée de ce qu'elle pense. Peut-être avez-vous déjà vécu une expérience dans laquelle vous tentiez de montrer à votre interlocuteur une nouvelle manière de voir les choses, pour finir par avouer que cela n'était qu'une perte de temps.

Car une croyance est une idée si évidente pour nous qu'elle fonctionne comme une vérité. Pour Gregg Braden, scientifique américain, les croyances se définissent comme « la certitude provenant de l'acceptation de ce que nous pensons être vrai dans notre esprit et de ce que nous sentons être vrai dans notre cœur ». Par conséquent, questionner la croyance d'une personne volontairement ou involontairement provoque bien souvent chez elle une réaction exagérée.

Comme le dit Lockert, « nos croyances et nos valeurs constituent certainement l'essence même de notre personne, notre structure interne profonde, le cœur de notre ego. Y toucher est très délicat et ne se fait pas sans émotions. D'ailleurs vous repèrerez très facilement une croyance importante aux faits qu'elle est très souvent niée par la personne et qu'en parler provoque chez elle de l'irritabilité, voire de l'agressivité ». C'est ce qui rend le changement de croyance parfois difficile car une croyance opère à un niveau qui n'est pas celui de la réalité.

Robert Dilts, un des principaux chercheurs et développeur de la programmation neuro-linguistique (PNL) explique que « les croyances concernent des choses que personne ne peut savoir en réalité. Si une personne a une maladie incurable, elle ne sait pas si elle va guérir. Il n'existe pas de réalité présente qui puisse indiquer si elle va guérir ou pas. Elle doit croire qu'elle va guérir précisément parce que personne ne sait ce qu'est la réalité. »

Selon lui, pour qu'une personne puisse atteindre son objectif, elle doit croire que ce dernier est atteignable et croire qu'elle possède les qualités nécessaires pour l'atteindre.

Si les croyances ont le pouvoir de façonner nos vies, alors on pourrait se demander d'où nous viennent-elles. Eh bien, la plupart de nos croyances ne nous appartiennent pas vraiment. Elle nous viennent le plus souvent de notre environnement : nos parents, nos professeurs, nos relations, nos collègues de bureau, notre éducation, notre religion, notre société, notre culture...Mais elles proviennent également de notre vécu et de nos expériences passées, bonnes ou mauvaises, à la suite desquelles nous en tirons une généralité, un enseignement global qui va devenir une vérité pour nous. Et voilà, une croyance est née ! Notre cerveau est en plus très doué pour distordre la réalité, et effectuer des généralisations parfois un peu trop hâtives comme nous l'avons déjà développé dans un précédent chapitre.

LA PUISSANCE DES CROYANCES

Un des meilleurs exemples pour illustrer la puissance de nos croyances est l'effet placebo. Un placebo est une substance pharmacologiquement inactive dans le sens où le médicament placebo ne contient que des composés chimiques neutres (un simple mélange d'eau et de sucre par exemple) qui ne possèdent donc aucunes propriétés thérapeutiques. Tout du moins en théorie. Car dans la plupart des tests cliniques, certains patients guérissent de toutes sortes de troubles (de l'anxiété aux douleurs) alors qu'ils ont pris une substance inerte ! C'est grâce à l'effet placebo que l'on évalue l'efficacité des traitements médicamenteux dans la recherche médicale : un médicament est considéré comme efficace lorsqu'il est supérieur à l'effet placebo.

L'effet placebo découle avant tout de la confiance de l'utilisateur dans le médicament qu'il absorbe, et également dans la manière dont il a été administré. Le rôle du soignant est donc déterminant. Un placebo administré avec conviction par un médecin aura de meilleur résultat thérapeutique. Michael Balint, psychiatre anglais qui a beaucoup écrit sur la relation médecin-patient, expliquait d'ailleurs que le premier médicament du médecin, c'est le médecin lui-même !

Cependant, les résultats dépendent également de l'état d'esprit du patient. Pour que le placebo fonctionne, il faut que le patient soit persuadé que ce qu'il pense être un médicament va vraiment l'aider. Tout repose alors sur la croyance qu'il a envers le « médicament » et la confiance qu'il accorde à son médecin (on parle aussi du fameux effet « blouse blanche »).

J'ai toujours trouvé cela fascinant qu'une simple croyance puisse avoir un impact aussi fort sur notre santé. D'autant plus, que certaines études ont mis en évidence que le placebo a une action plus rapide que celle du médicament et a des effets à long terme.

Mais saviez-vous que l'effet placebo a un alter-ego ? Si l'on suggère aux patients que le médicament qu'on leur administre présente des effets secondaires, ils développent alors des symptômes. C'est ce qu'on appelle l'effet nocebo. Le seul fait d'avoir une information négative sur un traitement, ou sur une maladie, pourrait provoquer des symptômes désagréables, voire une aggravation de la maladie, par la seule force de la suggestion et du mental.

Dans un cas comme dans l'autre, c'est le psychisme des patients qui est impliqué et qui est à l'origine des effets perçus.

De manière plus impressionnante encore, nos croyances peuvent avoir un impact considérable sur les autres et leur performance. L'effet Pygmalion (aussi connu sous le nom d'effet Rosenthal) a mis en évidence ce phénomène. C'est en premier lieu sur des rats que l'expérience a été menée, puis ensuite dans l'enseignement afin de déterminer l'impact des enseignants sur la réussite ou l'échec scolaire des élèves. Rosenthal et Jacobson, les deux psychologues américains à l'origine de cette expérience, sont partis d'une hypothèse simple : la perception que l'on a d'autrui induit des attentes et une attitude plus ou moins positive envers ce dernier.

Dans cette expérience, les chercheurs se sont rendus dans une école élémentaire où ils ont réparti des enfants, dont l'intelligence avait été évaluée comme moyenne, de façon aléatoire en deux groupes égaux en nombre. Ils se sont ensuite arrangés pour que les enseignants prennent connaissances des résultats aux tests de QI des élèves. Mais ce n'étaient pas les vrais résultats des élèves.

Dans la première classe, l'enseignant pensait avoir des élèves « doués », tandis que dans la deuxième, à l'inverse, il pensait avoir des élèves « lents ».

Un an plus tard, l'intelligence des deux groupes a été évaluée une seconde fois. Sans surprise, les enfants du groupe arbitrairement considérés comme « doués » ont augmenté leurs scores (de 5 à plus de 25 points), alors que les enfants du groupe jugé « lent » ont pour la plupart vu leurs scores diminuer .

La croyance de l'enseignant à propos de leurs élèves a eu un impact sur leur capacité d'apprentissage.

Vous l'aurez donc compris, vos croyances peuvent être un atout considérable, tout comme elles peuvent être très invalidantes. Vous avez donc tout intérêt à créer et entretenir des croyances positives, et tout intérêt à vous débarrasser ou à modifier vos croyances limitantes. Connaître et repérer vos croyances limitantes, celles qui vous tirent vers le bas, devient essentiel si vous souhaitez avoir une vie épanouissante et stimulante.

****

EXERCICES PRATIQUES

• Repérer une croyance limitante

Voyons maintenant comment nous y prendre pour révéler certaines de ces croyances, afin de les transformer en croyances plus constructives. Je vous invite à répondre le plus rapidement possible à la question ci-dessous en notant la première chose qui vous vient à l'esprit :
Pourquoi ne pouvez-vous pas vous libérer de votre peur ?
....
....
Votre réponse doit commencer par « parce que ...»

Il est possible que vous ayez plusieurs réponses. Prenez bien le temps de réfléchir à cette question et de noter toutes les réponses qui vous viennent à l'esprit.

Il vous est peut-être venu comme réponse « parce que je n'ai pas confiance en moi », « parce qu'elle est là depuis trop longtemps », « parce que je ne suis pas assez fort(e) ou courageux », « parce que je n'ai pas assez de volonté », etc. C'est très bien, c'est précisément ce genre de phrases que je souhaite que vous trouviez.

Précisons toutefois, comme le dit Robert Dilts dans son livre *« Changer les systèmes de croyances avec la PNL »* que « le plus difficile, lorsqu'on essaie d'identifier un croyance, c'est que celles qui vous influencent le plus sont généralement celles dont vous êtes le moins conscient.

Comme le précise Olivier Lockert, une fois mises en lumière, il est maintenant important que vous vous posiez plusieurs questions :

1. Est ce que j'ai consciemment choisi de penser ainsi et de choisir cette idée ? D'où est-ce que me vient cette idée ?
2. Si la croyance ne vient pas de moi, de qui me vient-elle ? Et depuis quand ?
3. Est-ce que je souhaite conserver cette croyance sachant ce qu'elle est et de qui elle vient ?
   - Qu'est ce que cette croyance me permet de faire, d'obtenir ?
   - Qu'est ce que cette croyance me donne, m'apporte ?
   - Est-ce que cette croyance est en cohérence avec la personne que je veux être ?
4. À la place, qu'est-ce que j'aimerais avoir comme croyance ?

Vous êtes maintenant face à un choix : Que voulez-vous faire de cette croyance ?

- Vous voulez la garder ? Pas de problèmes ! Au moins vous l'aurez choisie volontairement, en votre âme et conscience et rien que cela fait déjà toute la différence !
- Vous voulez vous en débarrasser, ou la modifier? Très bien, nous allons voir maintenant comment faire.

• Trouver des contre-exemples

L'idée ici est de trouver des contre-exemples à votre croyance limitante afin de lui faire perdre de sa force. Pour cela, voici quelques questions pour vous aider :

- Existe-t-il des personnes qui ont un jour eu la même peur que vous mais qui ont pu s'en libérer ?
- N'y a-t-il pas des choses que vous ne pensiez pas être capable de faire et pourtant vous y êtes arrivé ? Peut-être même que vous pouvez le faire facilement maintenant ? Cela peut être l'apprentissage d'une activité sportive ou créative par exemple.
- Étiez-vous capable auparavant de vivre sans être limité par cette peur ?
- N'y a-t-il pas un moment ou au moins une fois ou vous avez réussi à dépasser votre peur ? Même si ce n'était qu'un court instant.
- Imaginez que quelqu'un vous dise que c'est impossible de se libérer d'une peur... qu'est-ce que vous lui répondriez ? Que lui diriez-vous pour essayer de la convaincre qu'il a tort ?

C'est bon vous avez trouvé des arguments ? Le fait de trouver des contre-exemples permet de fragiliser la croyance limitante en la rendant moins rigide et donc plus facilement malléable.
Passons maintenant à l'étape suivante, à savoir la transformation en elle-même.

• Transformer la croyance

La transformation de la croyance peut s'effectuer en 3 étapes :

La première consiste à **choisir une nouvelle idée** que vous aimeriez adopter car vous savez qu'elle vous aidera à mieux vivre. Pour cela, il s'agit tout simplement de transformer votre croyance négative en une croyance positive. Par exemple, si vous avez noté un peu plus tôt:

- Je ne peux pas dépasser ma peur parce que je n'ai pas

confiance en moi (croyance négative) → il y avait déjà choses que je ne pensais pas être capable de faire que j'ai pourtant réussi à réaliser donc je suis tout de même capable de me dépasser (croyance positive).

- Parce que c'est trop dur (croyance négative) → en avançant par étape, cela peut être beaucoup plus simple (croyance positive).

L'important c'est de formuler une idée que vous pouvez réussir à croire. Par exemple si vous vous dites « c'est simple de ne plus avoir peur », il y a de fortes chances que vous n'y croyez pas. Cela aura un effet totalement inverse. Nuancez vos propos pour que vous puissiez les accepter.

Ensuite, il s'agit **d'imaginer le plus précisément possible comment serait votre vie avec cette nouvelle croyance**. Si vous pensez que vous pouvez être détendu, comment est-ce que vous seriez ? Comment cela se verrait-il de l'extérieur ? Comment seront vos mouvements, votre manière de communiquer, de penser, de vivre etc.

Puis, la dernière étape consiste à **vivre selon cette nouvelle idée/croyance.** Pensez, parlez, respirez, bougez, voyez le monde selon ces nouvelles idées. Rejetez ou éloignez-vous de tout ce qui n'est pas en accord avec cette nouvelle croyance.

Bien sûr au début, on n'y croit pas vraiment à cette nouvelle idée, on fait semblant. Justement faites comme si vous aviez déjà cette nouvelle croyance. À force de faire semblant, les choses finissent par devenir réelles. C'est la magie du faire-semblant. Que vous fassiez semblant d'être détendu, ou que vous le fassiez réellement, vous le faites quand même. Nous allons voir tout cela encore plus en détails dans le chapitre suivant.

4.
L'IMAGINATION

« Une forte imagination produit l'événement. »
Michel de Montaigne

L'imagination, cette faculté que possède l'esprit de se représenter ou de former des images intrigue depuis de nombreuses années les scientifiques qui tentent d'en comprendre les tenants et les aboutissants. Le poète français Charles Baudelaire affirmait déjà au XIXème siècle que « l'imagination est la plus scientifique des facultés ». De nombreux philosophes se sont également penchés sur le sujet et les points de vue peuvent diverger.

Nicolas Malebranche est sans doute l'auteur le plus critique à l'égard de l'imagination. En plus d'être, comme le soutient également le philosophe Blaise Pascal, « maîtresse d'erreur et de fausseté », Malebranche considère l'imagination comme la « folle du logis », une « folle qui se plaît à faire la folle » et à dérégler la raison humaine pour l'entraîner dans le monde de l'absence et du fantasme.

Sous bien des aspects, nous pouvons soutenir cette interprétation. Il me semble en effet que l'imagination peut être source de désordre dans le sens où elle nous rend parfois incapable de maîtriser nos actes et nos pensées. Cette même difficulté à gérer ses réactions que rencontre toute personne phobique. Ces dernières savent pourtant très bien que leur peur n'est pas du tout rationnelle. Cependant, cela ne les empêche pas de sentir leur cœur s'accélérer et d'être effrayées. Effectivement, comme nous l'avons vu plus tôt, la logique pour se libérer d'une peur n'est pas vraiment utile puisque ce n'est pas celle-ci qui a créée la peur, mais l'imagination. C'est notre imaginaire qui nous fait croire qu'il y a un danger là où il n'y en a pas ou que nous ne sommes pas capables d'y faire face par exemple. Il nous raconte des histoires sur nous-même, que nous finissons par croire, nous poussant ainsi à agir en fonction de cellesci, et nous isolant de la réalité qui nous entoure. Le célèbre conférencier Anthony Robbins a donné au mot peur (traduit par « fear » en anglais) l'acronyme suivant : False Evidence Appearing Real (fausse preuve apparaissant vraie).

On pourrait alors reprocher à l'imagination d'entraîner la pensée vers le rêve et l'éloignement du réel, et de se trouver globalement du côté de l'irréel, du mensonge, et de la tromperie.

Cependant, ne serait-ce pas là le but de notre imagination ? Nous faire sortir du cadre des limites que notre société, notre culture, nos croyances nous imposent, pour aller voir au-delà ? Qu'en est-il de toutes les formes d'art actuelles ? Leur objectif ne serait-il pas de nous tromper, de nous illusionner le temps d'un instant pour nous faire croire au message qu'elles cherchent à faire passer?

Qu'il s'agisse d'un roman, d'une musique, d'un film, d'une pièce de théâtre... Nous voilà tantôt passionné, tantôt perturbé par des scènes, des histoires qui n'ont avec la réalité qu'une ressemblance lointaine. Nous pouvons nous identifier et nous émouvoir devant les aventures d'un personnage qui n'a d'existence que sur l'écran ou sur le papier. Nous savons que ce ne sont que des acteurs, qu'ils ne sont pas réellement blessés, ou amoureux, qu'ils n'ont pas de super pouvoir, ou que l'histoire est inventée de toute pièce. Alors même que nous savons que rien de tout cela n'est vrai, cela ne nous empêche pas de ressentir des émotions qui présentent toutes les caractéristiques d'émotions authentiques (accélération du rythme cardiaque comme pour la peur lorsque nous regardons un film d'horreur par exemple).

Nous voulons que le réalisateur, l'écrivain, le compositeur nous illusionne et nous fasse découvrir sa réalité, sa vision des choses. Ne serait-ce pas ce qui fait les meilleurs œuvres artistiques ? L'art cherche à nous questionner et à avoir une portée critique sur notre réalité du quotidien, dans la mesure où elle nous en propose une vision différente.

Il apparaît ainsi que ce qui pourrait être qualifié de « trompeur » par rapport au monde tel que nous le percevons ordinairement (encore faudrait-il être persuadé que cette perception corresponde bien à la réalité du monde...) constituerait en quelque sorte un détour pour que nous soit dévoilée une nouvelle perception de la réalité.

LES NOMBREUX AVANTAGES DE L'IMAGINATION

Même si les points de vue divergent concernant l'imagination, les philosophes semblent s'accorder sur un point: l'imagination est une attitude mentale d'un type bien particulier. Elle ne consiste pas à croire ou à percevoir quelque chose, mais à entretenir une sorte de « pseudo-croyance » ou de « pseudo-perception ». Imaginer est d'abord un acte: celui de simuler, de faire semblant. C'est l'art de donner vie à ce qui n'existe pas. Il semble alors évident que l'imagination présente de nombreux avantages et s'avère être une faculté essentielle à de nombreuses activités humaines.

Un enfant s'en sert de manière instinctive et naturelle. Il se construit un univers où se mêlent réalité et imaginaire, et où se côtoient des personnages de toutes sortes, créés à partir de ses expériences réelles, ses rêves et ses désirs. Si l'enfant ressent le besoin de se créer un monde imaginaire, c'est tout simplement pour apprendre à vivre avec la réalité qui l'entoure.

À travers les personnages fictifs de ses jeux, les amis imaginaires et les histoires qu'il s'invente, l'enfant explore sa capacité à faire face à différents sentiments. Il voue une grande admiration aux adultes qui l'entourent et il les perçoit souvent comme des héros. Il aimerait leur ressembler, veut les imiter et faire les mêmes activités qu'eux. Avec ses amis, il joue « au papa et à la maman », il devient tour à tour infirmier, mécanicien, docteur, caissier, pompier, vétérinaire. Il s'amuse à recréer « la vraie vie » et on perçoit souvent une similitude entre ses attitudes de jeux et celles de ses parents dans la réalité. L'enfant console, réconforte ou réprimande souvent ses poupées de la même façon que ses propres parents le font avec lui.

Il aime aussi s'identifier à des personnages de films ou de livres qu'il connaît bien. Ainsi, il pourra être, selon ses intérêts et l'humeur du moment, Spiderman, Elsa de la Reine des neiges, Iron man, ou Vaiana ! Il s'attribuera leur force ou leur beauté, leurs pouvoirs et même pourquoi pas, leur apparence.

Grâce à son imagination, il joue et apprend en même temps. Pendant longtemps associées aux enfants atypiques ayant des difficultés sociales ou interpersonnelles, cette capacité permettrait bien au contraire de développer notre empathie et nos compétences sociales en apprenant à voir le monde au travers des yeux d'autrui afin de mieux comprendre leurs pensées et leurs émotions, et d'avoir ainsi une meilleure analyse de la réalité.

Selon le psychologue anglais Paul L. Harris, spécialisé dans le développement de l'enfant, ce n'est pas parce que l'enfant cherche à vivre certaines émotions qu'il utilise son imagination, mais l'inverse : c'est en utilisant son imagination qu'il vit des émotions. Selon la conception traditionnelle de Piaget et de Freud, l'imagination est dirigée par les émotions et les désirs. Harris, lui, précise que même si l'imagination sert en effet parfois dans ces situations, il ne pense pas que ce soit son rôle dans la majorité des cas. Selon lui, « les spécialistes de l'imagination devraient davantage mettre l'accent sur la façon dont l'imagination peut activer les émotions, plutôt que l'inverse ». Il précise que l'émotion est provoquée par la richesse de la construction imaginaire. Par exemple, plus nous sommes absorbés par une œuvre artistique (que ce soit un film, un livre, un tableau, etc), plus les émotions ressenties seront fortes.

L'imagination est également à l'origine de toute création artistique. Un compositeur doit d'abord halluciner la musique avant de pouvoir la retranscrire. Un peintre doit pouvoir visualiser son tableau avant de le peindre. Un cuisinier va imaginer le mélange des saveurs et des textures avant de préparer son plat. Il a bien fallu que quelqu'un imagine une chaise avant de la créer, ou n'importe quel autre objet que nous utilisons !

Ainsi, l'imagination intervient au quotidien et se retrouve dans toutes les tâches que nous effectuons, jusque dans nos démarches intellectuelles, et donc dans les sciences elles-mêmes. Bon nombre des découvertes scientifiques découlent de l'imagination des savants qui, à partir de leurs connaissances et grâce à leur capacité de donner une perception abstraite des phénomènes, mettent au point de nouvelles théories.

Elle est une activité essentielle qui nous permet d'envisager d'autres alternatives à la réalité. Lorsque nous repensons au passé, nous pouvons imaginer les façons dont il aurait pu être différent, d'autant plus si nous regrettons ce qu'il a été. Elle s'avère également cruciale pour planifier et anticiper le futur. À en croire Karl Marx cette capacité à imaginer l'avenir est même « ce qui nous caractérise en tant qu'humain. » Nous en avons besoin pour prédire comment notre situation présente va pouvoir évoluer, et dans quelles directions elle va pouvoir se rendre. À peine sommes-nous arrivés dans un lieu que nous nous imaginons déjà dans le suivant. Dès que nous venons de terminer une activité, nous imaginons déjà celle que nous pourrions effectuer ensuite. À peine une journée se termine-t-elle que nous imaginons déjà le lendemain.Tous les efforts que nous fournissons au moment présent ont pour but de réaliser ce que nous imaginons comme notre avenir possible.

L'imagination constitue également une échappatoire, un moyen de s'évader de la réalité qui peut permettre dans une certaine mesure de mieux l'accepter. Que ce soit au travers d'un film, d'une musique, d'un livre, ou simplement en laissant nos pensées dériver... l'imagination représente un moment de tranquillité et de sérénité d'esprit, un moment pour soi, une pause délicieuse au milieu de nos tracas quotidiens. Une quiétude psychologique et intellectuelle que nous peinons à entretenir dans notre vie rythmée et mouvementée d'adulte, mais qui n'en reste pas moins essentielle pour nous sentir bien.

LE JEU: UNE CAPACITÉ ESSENTIELLE

Très jeunes, nous étions encouragés à développer notre imaginaire notamment au travers des jeux. À l'inverse, une fois arrivé à l'adolescence, nous sommes bien souvent poussés progressivement à négliger cette part de nous-même afin de devenir plus « mature » et de nous préparer à l'âge adulte. En plus de devoir effectuer nos devoirs, nous devions effectuer des corvées, parfois même commencer à travailler pour certains, faire des activités extrascolaires, et commencer à se décider sur ce que nous voulions faire comme métier plus tard. De nombreuses exigences qui nous laissaient de moins en moins de temps pour nous amuser, et rêver. En grandissant, on nous assenait même parfois qu'il fallait « arrêter de rêver », que cela n'était pas la « vraie vie ». Et si nous avions le malheur de nous évader dans notre imagination quelques instants, nous nous faisions parfois même disputer et on nous demandait alors d'être plus concentré.

Stuart Brown, médecin psychiatre et pionnier dans la recherche sur le jeu, explique pourtant qu' « apprendre comment continuer de s'amuser et de jouer d'une manière qui soit plus approprié à son âge, tout en devenant responsable, est l'une des tâches les plus importantes pour leur âge.»

À l'âge adulte, en proie aux nombreuses responsabilités auxquelles nous devons faire face et dans une société où nous devons répondre à des exigences de performances et de productivité, nous apprenons alors à nous servir davantage de notre esprit logique et rationnel (ou appelé autrement notre cerveau gauche) au détriment de notre esprit créatif (notre cerveau droit). Fort heureusement, certains continuent de développer et d'exprimer leur créativité à l'âge adulte. Toutefois, je constate très régulièrement en consultation qu'il n'y a effectivement que très peu de personnes qui prennent le temps de laisser libre court à leur imagination ou de s'adonner à une quelconque activité créative.

Brown poursuit en expliquant que l'adulte a tendance à considérer le jeu comme un plaisir coupable, comme une distraction du « vrai travail » ou une fuite de ses responsabilités. Si en apparence le jeu ne semble pas avoir d'utilité autre que l'aspect ludique, Brown conçoit le jeu comme étant un besoin biologique aussi important pour notre santé que peuvent l'être le sommeil ou l'alimentation. Un besoin que l'on retrouve également dans le royaume animal.

La capacité à jouer pendant notre enfance, mais surtout en tant qu'adulte se révèle être un facteur significatif pour déterminer notre succès ou notre bien-être. Après avoir étudié de nombreux profils de personnes, il s'est aperçu notamment qu'un des points communs entre de nombreux meurtriers était l'absence de jeux au cours de leur enfance.

Selon lui, l'inverse du jeu n'est pas le travail comme on pourrait le penser au premier abord, mais la dépression. Une observation que j'ai également pu faire dans mon cabinet. Croulant sous le travail, et les responsabilités, nombreuses sont les personnes qui deviennent tellement sérieuses qu'elles ne savent même plus réellement s'amuser: tout doit être toujours bien cadré, organisé, raisonnable, contrôlé. L'imprévu, la spontanéité et l'amusement n'ont alors que très peu de place. En conséquence, elles éprouvent un malaise dans leurs vies personnelles comme dans leurs vies professionnelles, et ne prennent plus vraiment de plaisir à faire quoi que ce soit. Elles se sentent perdues et ne savent même plus ce qu'elles désirent réellement car voilà bien longtemps qu'elles ont arrêté de rêver. C'est pourquoi, j'ai tendance à penser que c'est notre excès de sérieux qui crée bon nombre de nos maux.

Ces mêmes personnes sont par contre très douées pour imaginer des scénarios catastrophes. Mais elles n'ont pas toujours conscience qu'en se concentrant sans cesse sur les choses négatives, ces dernières finissent par devenir vraies.

QUAND L'IMAGINATION PREND LE PAS SUR LA RÉALITÉ

Philip Zimbardo, professeur en Psychologie a mené une expérience aussi fascinante que terrifiante dans les sous-sols de l'université de Stanford en 1971 dont l'objectif était simple : mieux comprendre les comportements humains en milieu carcéral.
Pour cela, il publie une annonce et recrute 18 hommes a priori matures et mentalement stables, issus de tous milieux sociaux, contre

une rémunération de 15 dollars par jour. Il place ensuite ces volontaires dans une fausse prison créée dans les locaux de l'université pour l'expérience, qui devait durer trois semaines.

Les participants se voyaient attribuer le rôle de gardiens ou de prisonniers de manière aléatoire afin de constituer deux groupes de neuf. Pour pousser le réalisme jusqu'au bout, les gardiens étaient équipés d'une matraque mais n'étaient pas censés en faire usage.
Afin d'observer le comportement « naturel » de l'être humain, le professeur Zimbardo ne leur avait transmis aucune consigne sinon que le bon fonctionnement de la prison était de leur responsabilité, et qu'ils devaient la gérer de la manière qui leur conviendrait. Cependant aucune violence physique n'était autorisée.
Quant aux prisonniers, vêtus d'uniformes jaunes, ils étaient regroupés par trois dans les cellules et possédaient un numéro par lequel ils seraient appelés. Ils devaient obéir aux règles mises en place par les gardiens, comme dans une vraie prison.

La première journée, les participants ne sont pas tout de suite rentrés dans leur rôle, ce n'est que le lendemain que tout a basculé...

Zimbardo observe attentivement les comportements de chacun, le lieu étant bien sûr truffé de caméras de surveillance. Mais, très vite, il perd totalement le contrôle de son expérience. Il assiste à des comportement outrageux et dégradants des gardes à l'encontre des prisonniers: punitions physiques, manipulations psychologiques, refus de l'utilisation des sanitaires, et même humiliations sexuelles.

L'expérience de Zimbardo prend un tel virage que celui-ci est obligé d'y mettre fin avant son terme: plusieurs « prisonniers » présentant des troubles émotionnels et des traumatismes très graves. Deux des prisonniers ont d'ailleurs dû quitter l'expérience plus tôt parce qu'ils souffraient trop de leurs mauvais traitements.
Bien que cette expérience ait soulevé des problèmes éthiques, elle n'en reste pas moins éclairante sur le fonctionnement de l'être humain. Elle illustre également très bien comment le faire-semblant, peut pousser des jeunes hommes sains d'esprit à adopter des comportements parfois à l'opposé des valeurs qu'ils avaient professé avant le début de l'étude, mais surtout les répercussions que l'ima-

gination peut avoir sur la réalité.

L'on constate régulièrement dans notre quotidien que l'imagination prend quelques fois le pas sur la réalité. Par exemple, lorsque nous nous demandons si nous avons bien réalisé une tâche dans la réalité ou si nous l'avons seulement imaginé. Comme lorsque vous imaginez répondre au SMS de votre mère au point d'être persuadé de l'avoir vraiment fait (je ne peux tout de même pas être la seule à qui cela arrive régulièrement !).

Un autre exemple frappant où le cerveau prend une situation imaginaire pour vraie est le rêve. La sensation du réel est aussi complète, aussi intense dans nos rêves que lorsque nous sommes éveillés. Nous pouvons véritablement avoir l'impression de chuter, d'être blessé, ou de perdre un être cher par exemple, comme si nous le vivions réellement. Les émotions y sont aussi profondes, aussi vives et aussi réelles que dans un état de veille. C'est pourquoi nous les prenons pleinement au sérieux et que nous éprouvons de la difficulté à distinguer le vrai du faux. Tout parait tellement réel que nous ne savons parfois même pas que nous sommes en train de rêver. Ce n'est qu'une fois que l'on se réveille que l'on prend conscience que ce n'était qu'un rêve. C'est alors que l'incohérence et l'absurdité de nos rêves nous étonne et quelques fois nous amuse: comment avons-nous pu croire à de telles folies?

Nous pourrions également citer les peurs. Que sont-elles, si ce n'est notre imaginaire qui nous fait croire qu'un danger est réel? Notre corps réagit comme si le danger était réellement présent. Ces différents exemples nous démontrent que notre cerveau ne semble pas faire la distinction entre le rêve et la réalité et que la frontière entre les deux est bien floue. Mais ils illustrent surtout que l'imagination crée du réel.

À trop faire semblant, certains des plus grands acteurs se sont tant investis dans leur rôle qu'ils ont gardé certaines caractéristiques de leurs personnages, et ce, même une fois le tournage terminé. En voici quelques exemples:

- Alors que Colin Firth est interviewé après avoir terminé le tournage de son film Le Discours d'un Roi dans lequel il campe le rôle de George VI, roi qui souffre de bégaiement, il se retrouve soudainement pris d'un terrible bégaiement devant le journaliste.

- Dans My Left Foot, Daniel Day-Lewis incarne le célèbre peintre Christy Brown, frappé d'une paralysie spasmodique à sa naissance. Lewis passa huit semaines dans un institut spécialisé dans les soins intensifs pour ce type de pathologie très lourde. Il demanda à être exclusivement nourri à l'aide d'une cuillère durant sa préparation pour son rôle, y compris sur le tournage du film de Jim Sheridan. Il refusait de sortir de son fauteuil roulant entre les prises. À force de se tenir recroquevillé et de reproduire les convulsions du vrai Christy Brown, il a fini par se casser deux côtes...
- Pour son rôle de Jim Morrison dans *The Doors*, Val Kilmer a appris 50 chansons du groupe. À la fin il chantait tellement bien que les membres du groupe n'arrivait pas à faire la différence entre lui et Jim Morrison.
- Un des cas les plus extrêmes est peut-être bien celui de Heath Ledger, interprète du joker dans The Dark Knight. Désireux de se plonger au plus près de son personnage, l'acteur s'enferme plus d'un mois dans une chambre d'hôtel à lire les comics de Batman et à griffonner des notes sur son rôle de dangereux psychopathe. Sur le tournage, Heath Ledger refusait de s'adresser à quiconque ne l'appelait pas « the Joker. » Obsédé par son rôle il ne parvient à dormir que deux heures par nuit en moyenne, alternant sans interruption les pilules calmantes et les excitants. Il décède le 22 janvier 2008, après avoir ingéré des calmants.

Je le conçois, ces exemples ne sont pas tous rassurants c'est pourquoi je terminerai par vous en présenter un bien plus inspirant.

Alors qu'il est interviewé par Oprah Winfrey dans son célèbre talkshow en 1997, Jim Carrey explique à l'animatrice qu'en 1987, n'étant pas encore connu du grand public et étant complètement fauché, il se rendait tous les soirs à Mulholland Drive pour se laisser aller au jeu de la visualisation. Il imaginait que les directeurs ou les acteurs qu'il respectait lui disaient qu'ils aimaient son travail. Il poursuivait son jeu d'imagination en visualisant toutes les choses qu'il voulait avoir dans sa vie. « C'était une manière pour moi de me sentir bien » affirme-t-il.

En 1990, alors qu'il peine à gagner sa vie en tant que jeune comédien, il s'écrit un chèque de 10 millions de dollars, en se laissant jusqu'à Thanksgiving de l'année 1995 pour trouver l'argent. Il met ensuite son chèque dans son portefeuille. En juillet 1995, quelques semaines avant d'atteindre la date butoir qu'il s'était fixé, il a appris qu'il gagnerait 10 millions de dollars pour son rôle dans Dumb and Dumber. Il raconte cette anecdote non sans rappeler qu'il a quand même fallu qu'il travaille dur pour y arriver. « On ne peut pas juste visualiser les choses et ensuite aller manger un sandwich » plaisante-t-il.

Comme le soulève ici Jim Carrey, vivre en fonction de ce que l'on a imaginé fait toute la différence. En faisant *comme si* nous étions déjà la personne que nous souhaitons devenir, ou en faisant comme si ce que nous désirons s'était déjà réalisé, nous créons une vision, une image mentale de cette situation souhaitée. Cette création d'image mentale n'est pas neutre car elle induit les mêmes mécanismes dans notre cerveau que si nous en faisions l'expérience dans la réalité. Il ne s'agit pas seulement d'imaginer notre nouvelle vie, mais de ressentir, se comporter, bouger, communiquer comme la personne que nous voulons être dans la réalité. Les américains ont une expression pour cela : « fake it until you make it ». On pourrait traduire cela par « faites semblant jusqu'à ce que vous le fassiez vraiment ».

Pendant plusieurs mois, j'ai pratiqué des séances de visualisation quotidienne. Cependant, une fois celles-ci terminées, j'agissais dans la réalité comme auparavant, c'est à dire avec la frustration de ne pas aller mieux. Cela n'était donc pas surprenant que rien ne changeait réellement dans ma vie. Alors, j'ai commencé progressivement à agir dans la réalité comme je me l'étais imaginé, même si je me sentais particulièrement ridicule en le faisant. Les résultats n'ont alors pas tardé à se manifester. En voici quelques exemples :

- Après avoir imaginé comment cela se verrait de l'extérieur si j'avais un peu plus confiance en moi, j'ai commencé à agir progressivement de cette manière dans la réalité, en modifiant notamment ma posture, et le ton de ma voix. Je me suis alors surprise à engager plus facilement la conversation en soirée, et à me sentir beaucoup plus à l'aise avec les autres de manière générale/

- Alors que je n'étais qu'une débutante en hypnose et que je n'arrivais pas à faire certains phénomènes hypnotiques, j'ai commencé à agir comme si cela faisait déjà des années que je pratiquais l'hypnose. Les résultats furent immédiats: ma voix était plus assurée, mes paroles semblaient plus fluides, et je sentais réellement que je croyais en ce que je faisais. À ma plus grande surprise, les phénomènes hypnotiques ont alors pu fonctionner.
- Alors que je peinais à vivre de mon cabinet, je me suis rendue à mon cabinet comme si de nombreuses consultations m'attendaient bien que je n'en avais aucunes de prévues. La semaine suivante mon agenda était rempli et mon cabinet n'a jamais cessé de bien tourner depuis.
- Alors que je n'avais pas d'argent, je me suis inscrite à une formation en hypnose. Le prélèvement du montant de la formation s'effectuait un mois avant le début de la formation. M'étant inscrite près de 8 mois à l'avance cela me laissait le temps de pouvoir économiser. Cependant, au moment de mon inscription, je ne faisais quasiment pas de bénéfices avec mes consultations. Je n'étais donc vraiment pas sûre de pouvoir rassembler l'argent nécessaire en temps voulu, d'autant plus que le montant s'élevait à 2500€,sans compter les frais de déplacements, d'hébergements, et de nourriture (vous pouvez retrouver la vidéo sur ma chaîne YouTube qui vous apporte les preuves que je n'avais vraiment pas d'argent au moment de l'inscription à la formation, et mon diplôme qui vient valider que je l'ai bien effectuée.)

Le Docteur Joe Dispenza, auteur, conférencier, chercheur et chiropraticien reconnu, est convaincu que chacun de nous possède la capacité de recâbler notre cerveau et reconditionner notre corps pour obtenir des changements durables et nous créer ainsi la réalité que nous souhaitons. Dans son livre *« Rompre avec soi-même »*, il insiste sur le fait qu' « on ne peut pas créer une nouvelle personnalité durant les méditations et ensuite vivre l'ancienne pendant tout le reste de la journée ». « Ce serait comme de prendre un déjeuner très sain et de passer ensuite le reste de la journée à consommer de la malbouffe. » plaisante-t-il.

Quant au scientifique Gregg Braden, reconnu comme un pionnier dans la tentative de construire un pont entre science et spiritualité nous donne davantage de précisions en affirmant dans son livre « *La guérison spontanée des croyances* » que « pour donner de bons résultats une affirmation doit s'appuyer sur le sentiment que nous éprouverons lorsque le but visé sera atteint. En exprimant notre gratitude pour ce qui s'est potentiellement déjà produit, nous créons les changements reflétant ce sentiment ». Le scientifique explique aussi que « désirer ou espérer qu'une pensée se réalise, sans l'alimenter d'une émotion réelle, pour lui donner vie, est ce qu'on appelle un souhait, c'est à dire une simple image de ce qui est possible ». Voilà pourquoi désirer ou espérer quelque chose n'a que peu d'effet concret sur la réalité. Le simple fait de vouloir quelque chose n'est pas toujours suffisant pour l'obtenir. L'efficacité d'une pensée dépend donc avant tout de l'émotion qui lui est associée.

Braden précise que ce sont principalement les émotions comme la peur et l'amour qui viennent dynamiser les pensées. Le problème c'est que nous avons tendance à nous concentrer principalement sur ce qui nous fait peur. On se rend bien souvent compte qu'au-delà de tout ce que nous pouvons mettre en place concrètement pour avancer, il arrive très souvent qu'une part de nous ne croit pas vraiment pouvoir atteindre cet objectif qui nous tient à cœur, et nous nous projetons consciemment ou inconsciemment vers un échec. Ce faisant, nous attirons ce que nous craignons, et ce, malgré notre bonne volonté. Prenons par exemple les personnes arachnophobes qui en plus d'avoir un super radar à araignées détectant même les plus petites, semblent capables de les attirer partout où elles passent !

Qu'on le veuille ou non, qu'on le fasse consciemment ou non, l'imagination intervient sans cesse dans notre quotidien. Si l'on souhaite opérer des changements dans notre vie, il apparaît donc primordial d'apprendre à l'utiliser correctement. Nous allons maintenant voir comment la développer et comment s'en servir de manière plus constructive.

****

EXERCICES PRATIQUES

• Réapprendre à jouer

Je vous invite dans un premier temps à repenser aux jeux que vous appréciez lorsque vous étiez enfant, ceux qui vous procuraient de la joie et vous rendaient heureux.

Est-ce que c'était plutôt les activités sportives, ou les activités moins physiques tel que la lecture, ou les jeux de société? Ou alors les deux? Préfériez-vous jouer seul? Ou avec vos frères et sœurs, vos amis, vos parents? Ou les deux?

Si vous rencontrez des difficultés à retrouver les activités que vous aimiez bien faire, une personne de votre entourage peut-elle vous aider à vous en souvenir? Vos parents, vos grand-parents, vos frères et sœurs, ou vos amis d'enfance? Auquel cas, posez-leur la question.

Ensuite cherchez à retrouver les émotions que vous pouviez ressentir lorsque vous jouiez à ces jeux, afin de les réexpérimenter à nouveau. Certaines personnes éprouvent des difficultés à retrouver les émotions, prenez donc le temps de faire cet exercice.

Une fois les émotions retrouvées, demandez-vous alors si vous les expérimentez toujours dans votre vie actuelle. Si la réponse est négative: pourquoi? Qu'est ce qui vous empêche de vous amuser? Y a-t-il des activités qui s'en rapprochent au moins un peu? De quelle manière pourriez-vous expérimenter à nouveau ces émotions dans votre quotidien? Quelle genre d'activité créative aimeriez-vous tester même si vous n'avez encore jamais osé?

Il y a des opportunités partout autour de vous de jouer, donnez vous la permission de le faire, et surtout, autorisez-vous à être ridicule.

• Développer son imagination

Chaque personne est capable d'utiliser son imagination avec plus ou moins d'efforts et de succès. Tel un muscle, plus vous la solliciterez et plus elle pourra se développer.

Pour cela, je vous invite à nouveau à refaire l'expérience d'imaginer votre vie idéale, comme nous l'avons déjà vu dans le chapitre sur les croyances, avec le plus détails possibles et en vous demandant: comment serait votre vie si vous n'aviez plus peur d'avoir peur? Ne vous contentez pas seulement de visualiser ce que vous voulez, visualisez avec émotion et comme si vous aviez *déjà* atteint votre objectif. Construisez-vous une image mentale claire et précise au point d'avoir l'impression de le vivre *déjà*, que ce que vous imaginez soit *déjà* votre réalité.

Faites régulièrement cet exercice de visualisation, même si vous n'y consacrez qu'une dizaine de minutes, afin de perfectionner votre création. Plus vous prendrez le temps de l'imaginer, plus l'intensité de l'émotion pourra s'élever, et plus il y aura de chance que cela devienne votre réalité.

• Faire semblant dans la réalité

Comme nous l'avons il est important de vivre comme si avoir peur n'était plus un problème dans la réalité également. C'est pourquoi, une fois que vous avez pris le temps de bien imaginer votre nouveau quotidien, commencez à agir de la même manière dans la réalité. Par exemple :

- Si vous vous êtes imaginé plus souriant, commencez alors à sourire.
- Si vous avez imaginé que vous aviez une autre posture, adoptez-la dans la réalité.
- Si vous avez imaginé que dans votre nouvelle vie vos pensées sont différentes, commencez à penser de cette manière dans votre quotidien

Cette étape est souvent négligée, ou très vite abandonnée par de nombreuses personnes. Pourtant, dès lors que vous commencerez à agir comme une nouvelle personne, et que vous serez assidu dans votre pratique, vous pourrez commencer à devenir cette nouvelle personne. Si vous imaginez seulement votre nouvelle vie, mais que vous ne faites rien ensuite concrètement pour qu'elle change, malheureusement rien ne changera.

• Ne pas renier la réalité

Attention à ne pas confondre le faire-semblant avec du déni. Le postulat de mon livre est précisément de ne pas renier la réalité en cherchant à étouffer la peur, mais au contraire, de ne pas lutter contre elle en l'acceptant pleinement. Faire comme si tout allait bien, alors que vous êtes en proie à la peur, cela s'appelle du déni. Il ne s'agit donc pas de faire comme si vous n'aviez plus peur, mais de faire comme si vous n'aviez plus peur d'avoir peur. Dans le second cas, il n'y a pas d'opposition contre la peur, mais une acceptation totale de celle-ci. En d'autres termes, et selon moi, il s'agit dans un premier temps d'imaginer comment serait votre vie si le problème que vous avez n'en était plus un. Par exemple:

– Si vous avez peur de parler en public: imaginez comment vous réagireriez si bégayer, ne pas trouver ses mots ou dire une bêtise devant une assistance n'étaient plus un problème. Peut-être que vous en rigoleriez, ou alors vous continueriez comme si de rien n'était. Réagissez de cette manière si cela devait alors vous arrivez en situation.
– Si vous souhaitez perdre du poids: imaginez comment vous pourriez vous sentir si avoir ces quelques kilos en plus n'étaient plus un problème. Quelles activités feriez-vous que vous n'osiez pas faire jusqu'à présent, comment seraient vos mouvements?...etc Faites ensuite dans la réalité ce que vous avez imaginé: peut-être était-ce oser faire du sport, se mettre en maillot de bain, ou encore porter des vêtements que vous n'osiez plus mettre.

L'on pourrait croire qu'en agissant ainsi, cela reviendrait à se résigner ou à baisser les bras. Nous verrons dans un prochain chapitre qu'il est en réalité question du véritable lâcher prise. Si l'on devait résumer cette première étape on pourrait dire que l'idée ici est de ne pas attendre d'avoir atteint son objectif pour commencer à se sentir bien. D'autant plus, que la réalisation d'un objectif n'est pas obligatoirement synonyme de bonheur car, comme dirait Robert Louis Stevenson, célèbre écrivain écossais et grand voyageur, « l'important, ce n'est pas la destination, mais le voyage en lui-même. »

Dans un deuxième temps, et seulement lorsque vous serez à l'aise avec votre problème, vous pourrez commencer à imaginer votre vie sans celui-ci, en repensant comment vous étiez lorsque vous ne l'aviez pas ou en imaginant comment une personne qui n'a pas ce problème en question peut réagir.

- Si vous avez peur de parler en public: imaginez comment une personne qui serait à l'aise en public pourrait se comporter. Comment serait le ton de sa voix, ses mouvements, sa posture, etc? Et faites de même dans la réalité.
- Si vous souhaitez perdre du poids: imaginez comment une personne qui n'a pas de problème par rapport à son poids et qui se sent bien dans son corps pourrait réagir. Quels genre d'aliments consomment-elle, quel genre de pensées pourrait-elle avoir, comment pourrait-elle se sentir, etc? Et faites-le dans la réalité.

J'ai pu constater que vouloir passer trop rapidement à cette deuxième étape était bien souvent contre-productif. C'est pourquoi je vous invite à bien respecter l'ordre des étapes décrites ici.

5.
CHANGER SA PERCEPTION

« La sensation d'être heureux ou malheureux dépend rarement de notre état dans l'absolu, mais de notre perception de la situation, de notre capacité à nous satisfaire de ce que nous avons. »
Dalai Lama

Connaissez-vous le fameux tableau de René Magritte « la trahison des images » ? Il est plus connu sous le nom de « ceci n'est pas une pipe ». Son tableau représente une pipe, et juste en dessous de celle-ci est inscrit la phrase suivante « ceci n'est pas une pipe ». Ce que l'artiste a voulu montrer au travers de son œuvre, c'est que même peint de la manière la plus réaliste possible, un tableau qui représente une pipe n'est pas une pipe. Les images et les objets ne sont pas la même chose. Si c'était réellement une pipe, nous pourrions la fumer! C'est simplement une représentation d'une pipe, mais ce n'est pas réellement une pipe.

Ce tableau nous pousse à nous questionner sur la réalité des choses en général. Ce que l'on voit est-il la réalité ? Comment peut-on être sûr que ce que l'on voit est ce qui est ? Comment savoir qu'une expérience est vraie ? Ce genre de questions provoquent de nombreuses réflexions chez les scientifiques comme les philosophes...et un mal de tête chez moi.

Pendant longtemps, je pensais que je voyais les choses comme elles étaient. C'est même une idée qui semble communément admise par une grande majorité d'entre nous. Les sciences telles que la physique quantique apportent un nouvel éclairage déconcertant sur la question de la réalité : il semblerait que la réalité ne soit pas forcément aussi réelle qu'on ne le pense.

La physique quantique tend à nous démontrer que la réalité est en fait interdépendante de la conscience humaine. Elle serait comme une illusion, certains scientifiques parlent même d'hallucination, une simulation générée par le cerveau, qui serait propre à chacun. Chacun a une perception du monde qui lui est propre. Et cette perception du monde diffère plus ou moins de la réalité.

Le fondateur de la « sémantique générale » Alfred Korzybski, précise que « la carte n'est pas le territoire ». Cette analogie, reprise plus tard par Richard Bandler et John Grinder, fondateurs de la Programmation Neuro Linguistique, est une des présuppositions essentielles de leur approche. Elle est destinée à nous faire comprendre qu'il y a une différence entre la réalité et la représentation que l'on s'en fait. Tout comme pour le tableau de Magritte : la carte n'est pas le territoire qu'elle décrit.

Il n'existe pas de carte unique du monde, mais autant de cartes qu'il y a de personnes. Chacun d'entre nous a donc sa carte du monde et s'en construit de nouvelles au fur et à mesure . Aucune carte n'est plus réelle ou vraie qu'une autre. Notre carte du monde influence nos choix, nos perceptions et nos limites. Cette carte mentale donne une représentation partielle et souvent erronée du territoire. Elle est la manière dont nous nous représentons la réalité. Donc, elle est subjective.

Vous avez peut-être déjà constaté que lorsque vous vivez une même expérience avec d'autres personnes, vous pouvez tous en avoir une interprétation différente. Ainsi votre perception de cette expérience est unique – et pourtant vous avez assisté ou participé au même événement.

Nous percevons la réalité du monde extérieur par nos cinq sens : la vue, l'ouïe, le toucher, l'odorat, le goût. Grâce à ces stimuli externes, nous construisons une représentation interne, dans notre cerveau, de la réalité : la carte.

Mais le monde nous offre une telle richesse d'impressions sensorielles différentes qu'il nous est impossible de tout remarquer. Notre cerveau ne capte qu'une partie seulement de la réalité physique qui nous entoure à chaque instant ! Il sélectionne des données dans le monde environnant, et il a aussi sa manière particulière d'organiser ces données. Il code les informations pour représenter le monde « réel ».

Au quotidien, nous sommes bombardés de plusieurs milliers d'informations à chaque seconde, mais notre conscience est capable de traiter moins de dix informations dans le même laps de temps. C'est pourquoi il y a énormément de choses dont nous ne sommes pas conscients.

Par exemple, vous êtes en train de lire ce livre, mais vous ne faites pas forcément attention à votre respiration, à la sensation de votre chaise ou de votre lit, des sons extérieurs, de la sensation de vos vêtements sur votre peau, et du poids qu'ils peuvent avoir, etc
Les informations sont donc filtrées.

LES FILTRES D'INTERPRÉTATION DE LA RÉALITÉ

De nombreux processus construisent le réel de manière inconsciente. Ainsi, nous interprétons la réalité, à partir de filtres : neurologiques, socioculturels, personnels et linguistiques.

Les **filtres neurologiques :** ils nous permettent de traiter les informations captées par nos organes des sens. Tout ce que nous voyons, touchons, sentons, goûtons ou entendons est automatiquement comparé par notre cerveau aux expériences antérieures enregistrées dans notre banque de données depuis notre naissance. Toute information avec laquelle nous entrons en contact est donc interprétée à partir de cette banque de connaissances. Il est scientifiquement reconnu que le cerveau est un système extrêmement bien organisé et entraîné à interpréter les informations reçues pour en faire quelque chose de sensé, correspondant à quelque chose de connu. Cette information stockée dans notre banque de données n'est donc pas neutre.

Ce qui est stocké, c'est notre perception de cette information. Notre perception est le fruit de prédictions constantes de notre cerveau sur la nature de notre environnement. Ainsi, nos connaissances acquises sur le monde influencent la perception qu'on en a à l'instant T et la façon dont on y réagit (ou dont notre cerveau nous force à réagir).

Les **filtres socioculturels :** Chaque personne est issue et appartient à un système socioculturel qui nous transmet des codes, des règles et des modes de pensée qui viennent influencer nos attitudes, nos croyances, et nos comportements. Notre culture européenne n'est pas la même que la culture chez les africains, les indonésiens, les asiatiques, ou les amérindiens. Le filtre socioculturel est également conditionné par l'appartenance ethnique, ou religieuse ainsi que par la catégorie socioprofessionnelle.

De même l'influence sociale peut nous amener à sculpter notre perception de la réalité. Les nombreuses études en psychologie sociale montrent comment nos comportements, nos pensées et nos affects (émotions ou sentiments) sont influencés par les autres. Prenons par exemple l'expérience sur l'influence minoritaire de Moscovici, Lage et Naffrechoux (1969) sur la perception visuelle : les chercheurs ont proposé à un groupe de 6 sujets, dont 2 sont compères et 4 sont « naïfs », de regarder 6 diapositives de couleur bleue et de dire de quelle couleur elles sont. Les deux compères donnent volontairement une réponse erronée en disant « vert ». L'influence pourtant minoritaire provoque un changement dans la perception de la couleur chez les participants « naïfs ». L'influence ici se fait de manière cachée et peut induire un véritable changement d'opinion chez les personnes, qui voient les couleurs plus vertes dans 8,25 % des cas. À l'inverse, dans le cas d'une influence majoritaire (lorsqu'il y a plus de compères que de sujets naïfs), les sujets naïfs changent leur réponse par soumission, juste pour être comme les autres sans changer d'opinion pour autant.

Les filtres personnels : ils découlent de l'histoire personnelle de chacun. C'est notre éducation familiale et scolaire, nos expériences de vie, les croyances que nous en avons tiré, nos valeurs.

Les filtres linguistiques : comme nous l'avons déjà vu plus tôt, lorsque nous parlons nous utilisons trois processus liés au langage : l'omission, la généralisation et la distorsion. C'est ce qu'appelle Bandler et Grinder le méta-modèle. Ces processus nous permettent d'expliquer nos expériences aux autres personnes avec des mots. Le problème c'est que ces processus engendrent des imprécisions, des « pollutions » du langage qui amènent vers des incompréhensions et des malentendus. Nous disons quelque chose, mais la personne ne comprend pas vraiment ce que l'on veut dire. Pour rentrer un peu plus dans le détail :

- La généralisation conduit à considérer que ce qui s'est produit une ou plusieurs fois se reproduira. Nous l'avons abordé lorsque nous expliquions comment les phobies se forment. Une rencontre avec un chien dangereux construit la croyance que tous les chiens sont dangereux. Dans notre langage nous retrouvons la généralisation avec des phrases comme : « personne ne m'écoute » → vraiment personne ? Ou encore « je dois réussir » → que se passerait-il si tu ne réussissais pas ?
- L'omission est un processus par lequel nous prêtons attention uniquement à certains stimuli de notre expérience, et nous en ignorons d'autres. Par exemple, nous pouvons ignorer le bruit du réfrigérateur. Dans notre langage, les omissions se traduisent par des paroles vagues. Il y a des « vides », des informations manquantes que nous devons combler par notre imagination ou alors en posant des questions à notre interlocuteur pour avoir davantage de précisions. C'est par exemple, lorsqu'une personne nous dit « il m'a blessé » → De quelle manière t'a-t-il blessé ? Ou lorsqu'elle nous dit « c'est inutile » → qu'est-ce qui est inutile ? L'avantage des omissions c'est qu'elles nous permettent de pas trop submerger le conscient par les milliers d'informa-

tions qui nous bombardent au quotidien.

- La distorsion est le processus qui nous permet de faire des interprétations ou des modifications de notre expérience sensorielle. C'est par les distorsions que nous tentons le plus de modifier la réalité, afin de la faire rentrer dans notre carte du monde pour conforter nos idées et notre point de vue. Cela peut être un lien établi à tort entre deux éléments ou événements. Par exemple, la personne dit « il ne parle pas, il n'est pas heureux » → En quoi le fait de ne pas parler prouve qu'il n'est pas heureux ? Ou encore elle va relier des éléments externes tels que le comportement d'autrui à des états internes : « sa voix me met en colère » → en quoi sa voix te met-elle en colère?

LES BIAIS COGNITIFS

En plus de tous ces filtres, les biais cognitifs viennent également modifier notre perception de la réalité. Bien souvent, ces biais ne sont pas conscients, et entraînent des distorsions dans le traitement de l'information. Ce sont en quelques sortes des raccourcis de traitement de l'information qui s'avèrent très utiles mais qui sont aussi à la base de jugements erronés. Nous avions déjà parlé du biais de confirmation d'hypothèse dans le chapitre sur les croyances, mais une multitude de biais intervenant dans plusieurs domaines ont été identifiés par la recherche en psychologie cognitive et sociale. En voici quelques-uns que je trouve intéressants :

- Le biais d'auto-complaisance : c'est la tendance à s'attribuer le mérite de ses réussites et à attribuer ses échecs à des facteurs extérieurs défavorables.
- Le biais de négativité: c'est la tendance à donner plus de poids aux expériences négatives qu'aux expériences positives et à s'en souvenir davantage.
- Le biais de conformisme : c'est la tendance à penser et agir comme les autres le font.
- L'illusion de contrôle : c'est la tendance à croire que nous avons plus de contrôle sur une situation que nous n'en

avons réellement.

- L'effet de halo : c'est une interprétation et une perception sélective d'informations allant dans le sens d'une première impression (« on ne voit que ce qu'on veut bien voir »)
- Le biais de représentativité : c'est un raccourci mental qui consiste à porter un jugement à partir de quelques éléments qui ne sont pas nécessairement représentatifs.
- Le biais de disponibilité : c'est ne pas chercher d'autres informations que celles immédiatement disponibles.
- Le biais de statu quo : c'est la tendance à préférer laisser les choses telles qu'elles sont, un changement apparaissant comme apportant plus de risques et d'inconvénients que d'avantages possibles

L'INFLUENCE DU CONTEXTE

Un autre facteur pouvant influencer notre perception d'une situation est le contexte. Le contexte dans lequel nous recevons une information vient déterminer le sens qu'on lui donne. Prenons un exemple.

Imaginez une planche de 20 cm de largeur et de 3m de longueur posée au sol. Si je vous demande de la traverser d'un bout à l'autre, vous trouverez certainement l'exercice facile et ne rencontrerez pas de difficulté à l'effectuer (situation 1).

Imaginez maintenant que cette même planche soit positionnée à 3m du sol, entre deux piliers. Ah, là, ça commence à se compliquer...vous allez peut-être commencer à ressentir une petite pointe de stress, mais étant donné que la planche est large, et que vous n'êtes qu'à 3m du sol, il y a de forte chance pour que vous réussissiez à la traverser (situation 2).

Maintenant, imaginez qu'elle soit positionnée entre deux immeubles, à des dizaines de mètres du sol. Je ne pense pas trop m'éloigner de la réalité en imaginant que vous allez ressentir un très gros stress et que le nombre de personnes capables de traverser serait très faible. Moi-même je doute d'en être capable ! (situation 3)

Pourtant, la planche est exactement la même dans les trois cas décrits, mais elle est posée dans des contextes différents. Notre cerveau évalue donc aussi les contextes. Dans le troisième cas, il évalue surtout les risques qu'il pourrait y avoir à traverser sur cette planche. Lorsqu'il y a des risques - et dans notre cas précis, il ne sont pas des moindres puisque c'est un danger de mort - notre cerveau va enclencher tous les mécanismes nécessaires pour nous permettre de faire face à la situation, et cela commence ici par une émotion de peur.

Le contexte influence nos comportements et nos réactions. Certaines personnes arrivent très bien à parler devant des petits groupes de 3 ou 4 personnes, mais dès qu'il s'agit de parler devant un groupe de personnes plus important, elles paniquent, et ce même si elles connaissent leur sujet sur le bout des doigts. Ce n'est pas une question de compétences. Après tout, elles savent parler correctement, et maîtrisent leur sujet. Mais étant donné que le contexte change, leurs réactions changent également. Nous ne nous comportons pas de la même manière lorsque nous sommes avec nos amis, nos parents, nos collègues, nos supérieurs hiérarchiques, ou un inconnu. Nous ne nous comportons pas de la même manière lorsque nous sommes en situation d'évaluation ou d'examen. Tout comme nous pouvons avoir confiance en nous-même dans certains domaines, mais beaucoup moins dans d'autres.

Plus que le contexte lui-même, c'est la manière dont on le perçoit qui fait la différence. Certaines personnes adorent parler en public, ou se surpassent en situation d'examen et ne se sentent pas menacées, tandis que d'autres perdent tous leurs moyens.

Voyons maintenant une technique qui permet justement de modifier nos réactions et nos comportements en transformant notre perception de la réalité: le recadrage.

LE RECADRAGE

Le recadrage, une technique puissante utilisée en programmation neuro-linguistique et développée par Richard Bandler et John Grinder, permet de transformer la perception de la réalité afin d'enclencher un processus de changement. Le recadrage va permettre de reconsidérer une situation selon un point de vue différent de celui initialement adopté. Notre façon de voir les choses est personnelle à chacun ; il existe autant de points de vue sur un événement X qu'il peut exister de personnes sur terre. Cette façon de voir les choses s'appelle un « cadre ».

La signification que nous accordons à un événement dépend avant tout du cadre dans lequel nous le percevons. Lorsque nous changeons de cadre, nous changeons la signification. Et quand la signification change, les réactions et comportements de la personne changent aussi.

En résumé, il s'agit de présenter un point de vue différent du comportement, du problème ou de l'événement que l'on trouve négatif.

Dans la vie, toute expérience ou situation n'est ni positive, ni négative en soi. Ce sont nos pensées, nos émotions qui nous amènent à juger et interpréter l'expérience que l'on vient de vivre. Grâce au recadrage, il est possible de transformer ses croyances et ses comportements.

Il existe différents types de recadrage : le recadrage de sens, de contexte, le recadrage en 6 points, la négociation entre parties. Le recadrage de sens et de contexte sont les deux formes qui vont nous intéresser ici et que nous allons développer.

Dans le recadrage de sens, nous allons changer la signification d'un comportement. En changeant la signification de l'expérience, la réaction face à celle-ci se transforme.

Pour mieux comprendre voici un exemple de recadrage de sens décrit dans le livre de Bandler. Une femme souffrait d'un comportement compulsif de nettoyage. Il fallait que la maison soit toujours propre, et son mari et ses enfants devaient se plier à ses exigences. Mais sa maniaquerie était devenue difficile à gérer pour ses proches qui n'avaient même plus le droit de marcher sur le tapis car elle craignait qu'ils ne laissent des empreintes. Dès qu'elle découvrait une empreinte sur son tapis, elle se précipitait pour aller chercher son aspirateur et le nettoyer. Elle nettoyait plusieurs fois par jour son tapis et veillait comme un chien de garde à ce qu'il soit le plus propre possible. Cette situation est vite devenue insupportable pour sa famille. Alors, la femme de Bandler qui s'occupait de cette dame a fait la chose suivante : la thérapeute lui demanda dans un premier temps de visualiser le tapis parfaitement net et propre, sans aucune trace de pas. La femme était ravie d'imaginer cette scène ! La thérapeute a ajouté : « et maintenant, comprenez que cela signifie que vous êtes seule et que les personnes que vous aimez ne sont pas à la maison avec vous ». En entendant ces mots, la femme s'est sentie très mal et l'expression de son visage s'est radicalement transformée. Dans un second temps, la thérapeute lui a proposé de visualiser le tapis couvert de traces de pas puis a introduit une nouvelle signification associée : les pas impliquent la présence des membres de sa famille à ses côtés. Évidemment, la femme s'est sentie bien à nouveau.

Au départ, la mère qui voyait son tapis sale estimait qu'elle était une mauvaise maîtresse de maison. Avec le recadrage, elle devient la mère qui est entourée par les gens qu'elle chérit. Désormais lorsqu'elle voit des tâches sur son tapis, elle le vit mieux car elle sait que les personnes qu'elle chérit sont auprès d'elle.

Dans le recadrage de contexte, on change le contexte du comportement. Cela consiste à trouver un contexte différent où le comportement jugé négatif sera accepté, utile, valorisé.

Voici maintenant un exemple concret effectué par la thérapeute familiale Virginia Satir : un père banquier a une fille qui se range toujours du côté de sa mère, car selon elle son père tient le rôle du méchant et sa mère celui du gentil. Mais curieusement elle agit comme son père. Le père se plaint que sa fille est têtue. Virginia Satir le questionne sur son parcours et le banquier admet avoir eu une certaine persévérance. Elle l'amena à avouer qu'il est assez têtu pour ne pas se faire influencer et pour ne pas faire de choses qui pourraient nuire à sa carrière. En fait, elle induit le fait que pour protéger sa famille, ce père a dû se montrer têtu et cela s'est révélé important et nécessaire. Virginia conclut alors de cette façon pour procéder au recadrage : « Je veux que vous observiez votre fille et que vous vous rendiez compte que vous lui avez appris à être têtue et à se défendre et que c'est un cadeau inestimable. Imaginez l'importance que cela aura lorsque votre fille aura rendez-vous avec un homme qui a de mauvaises intentions. »

Vous l’aurez donc compris, dans un cas comme dans l’autre, il s’agit d’amener la personne à modifier le regard qu’elle peut porter sur son problème afin de modifier la manière dont elle y réagit. Voyons maintenant un recadrage concernant le stress.

LE STRESS, C'EST BON POUR LA SANTÉ

Vous avez déjà certainement entendu que le stress est dangereux pour la santé. Il touche un large public, quel que ce soit l'âge ou le niveau social, et devient inquiétant lorsqu'il persiste. Le stress fragilise notre corps et peut favoriser l'émergence d'un certain nombre de maladies. Il est un facteur de risque de maladies cardio-vasculaires, il participe à la survenue de maladies psychosomatiques, des états dépressifs, ou des poussées de maladies comme le diabète, les maladies de peau, etc. Il existe de nombreuses études incriminant le stress et ses effets sur la santé.

Et si cela n'était pas totalement vrai ? Et si le stress nous rendait plus fort, plus intelligent, et plus heureux ?

C'est ce qu'explique Kelly Mcgonigal, une psychologue de la santé à l'Université de Stanford, dans son livre The Upside of Stress, malheureusement pas encore traduit en Français. Elle y partage sa vision du stress en s'appuyant sur de nombreuses études scientifiques en expliquant que le stress ne serait finalement pas si mauvais pour nous. Ou plutôt il ne serait pas mauvais pour nous si nous ne le percevions pas comme quelque chose de négatif pour notre santé.

Kelly McGonigal explique que c'est la combinaison du stress et de la croyance que le stress est mauvais pour nous, qui le rend dangereux pour notre santé. En soit, le stress n'est ni bon, ni mauvais, mais c'est la perception que nous en avons qui le rend soit l'un, soit l'autre. En changeant notre perception, cela change également la réponse du corps.

Lorsque vous faites face à une situation stressante, il y a de fortes chances que vous ayez déjà expérimenté ce genre de symptômes : une respiration haletante, un cœur qui bat la chamade (tachycardie), des tensions musculaires (au niveau de la nuque, du dos, de la mâchoire etc), des maux de ventre (impression d'avoir « l'estomac serré ou noué », d'avoir une « boule au ventre »), une transpiration excessive, une irritabilité, etc... D'un point de vue biologique, on observe une vasoconstriction qui est une diminution du calibre des vaisseaux sanguins (facteur de risque pour les maladies cardio-vasculaires) et ce sont des centaines de réactions biochimiques qui ont lieu pour permettre à votre corps de se préparer à l'action.

Être dans cet état durant une longue période peut effectivement devenir nocif pour la santé. Nous avons tendance à interpréter ces changements physiques comme un signe que nous sommes anxieux et que nous avons du mal à supporter la pression.

Dans une expérience menée par Jamieson à l'université d'Harvard, les participants de l'étude étaient soumis à une situation stressante. Les chercheurs leur ont ensuite demandé et appris à percevoir ces changements physiques comme une réponse positive et utile du corps, comme un signe que le corps se prépare à faire face au challenge, en leur expliquant notamment que le rythme cardiaque et respiratoire s'accélère pour pouvoir mieux oxygéner le corps et nous préparer à l'action par exemple.

Les résultats montrent que les participants étaient alors moins stressés, et plus confiants.

Mais le plus fascinant dans cette étude reste certainement comment la réponse du corps s'est modifiée. Souvenez-vous, en période de stress, on observe une vasoconstriction de nos vaisseaux sanguins. Mais dans cette étude, lorsque les participants percevaient le stress comme une réponse utile du corps, leurs vaisseaux sanguins restaient détendus. Leur cœur battait toujours la chamade, mais il y avait une réponse plus saine du corps.

Dans une autre étude, Alison Wood Brooks, chercheuse à la Harvard Business School, explique notamment que les symptômes ressentis en période de stress sont étrangement les mêmes que ceux ressentis en période d'excitation. Ils ont des effets différents sur notre performance, mais l'expérience de ces deux émotions sont assez similaires. La seule différence, c'est le nom que l'on met sur ces symptômes. Selon Brooks, il suffirait de se dire que l'on est enthousiaste, excité à l'idée de faire quelque chose, dès lors que les symptômes se manifestent, pour calmer son stress ou son anxiété. Elle a expérimenté ce processus de reconditionnement de l'anxiété, en demandant aux participants de l'étude de jouer à « Karaoke Revolution Glee » sur Nintendo Wii en chantant la chanson très connue : « Don't stop believin ' » du groupe Journey. Elle demanda simplement aux participants de se préparer différemment avant la performance: certains devaient dire à voix haute « je suis anxieux », d'autres « je suis excité », et d'autres encore « je suis calme ». Ils devaient essayer de croire réellement qu'ils ressentaient l'émotion qu'on leur avait assigné aléatoirement. Elle leur expliquait ensuite qu'ils seraient payés en fonction du score qu'ils obtiendraient au jeu.

Les résultats furent assez spectaculaires. Les participants qui devaient dire à voix haute qu'ils étaient excités chantaient beaucoup mieux que les autres.

Dans les deux expériences, les personnes qui perçoivent le stress de manière positive ressentent le même stress qu'une personne qui le perçoit de manière négative. Il est juste perçu différemment, et donc ressenti différemment.

Hans Selye (1907-1982), médecin endocrinologue d'origine autrichienne, pionnier des études sur le stress, à qui l'on doit notamment le concept d'eustress (qui signifie littéralement « bon stress ») afin de le distinguer du stress négatif, laissait déjà entrevoir que « par le développement des compétences individuelles et collectives, il est possible de transformer un stress négatif en stress positif. »
Dans sa biographie *Le stress de ma vie* il explique, alors qu'il est atteint d'un cancer, comment il a décidé d'appliquer ses idées sur le stress à sa maladie au lieu de se laisser abattre. Cela lui a permis de vivre plus longtemps que ce que la médecine ne le prédisait. Lui-même l'affirme « ce n'est pas le stress qui nous tue, mais notre réaction face à celui-ci. »

D'AUTRES EXEMPLES DE RECADRAGE

Comme nous l'avons vu, notre vision du monde dépend de la façon dont notre cerveau traite les informations et leur accorde ou non de l'importance. Ce n'est donc pas nos yeux qui déterminent ce que nous voyons. Autrement dit, et contrairement à l'adage populaire, nous ne croyons pas ce que nous voyons, mais nous voyons ce que nous croyons. Car nous sélectionnons les informations qui confirment ce que nous croyons.

La mauvaise nouvelle est que nous ne saurons jamais à quoi ressemble notre environnement et que le seul monde que nous pouvons connaître est celui que notre cerveau invente pour nous. La bonne nouvelle est que nous pouvons éduquer notre cerveau à percevoir différemment une situation. Mais je pense que cela relève d'un choix. Vous pouvez choisir de percevoir un événement, ou une situation d'une manière mais vous pourriez également choisir de la percevoir d'une autre. Et cela ne tient qu'à vous !

Quand j'ai commencé à vouloir changer de vie, je me suis demandée ce qui faisait la différence entre une personne chanceuse et une personne malchanceuse, une personne optimiste et une personne pessimiste, une personne heureuse et une personne malheureuse, une personne qui réussit à atteindre ses objectifs et une personne qui n'y arrive pas, etc. Je me suis aperçue que ce n'est en fait qu'une question de perception. Prenons l'exemple de ceux qui réussissent ce qu'ils entreprennent comparé à ceux qui rencontrent plus de difficultés pour cela.

Les différences entre ceux qui réussissent ce qu'ils entreprennent et ceux qui ont des difficultés.

CEUX QUI REUSSISSENT	CEUX QUI ONT DES DIFFICULTES
• se concentrent sur ce qu'ils veulent	• se concentrent sur ce qu'ils ne veulent pas
• voient les opportunités, les évolutions potentielles	• voient les obstacles, les pertes potentielles
• se concentrent sur les récompenses	• se concentrent sur les risques
• sont orientés solutions	• sont orientés problèmes et font tout pour les éviter
• agissent en dépit de la peur	• laissent la peur les arrêter

• prennent des risques • prennent leurs responsabilités • passent à l'action • s'instruisent • sont reconnaissants, et font des louanges	• évitent les risques • rejettent la faute sur les autres • croient au hasard • se divertissent • se plaignent, condamnent et critiquent

On pourrait en citer d'autres, mais celles-ci illustrent déjà plutôt bien les différences de mentalités. Au début, je me disais « ils ont réussi dans leur vie, c'est normal qu'ils voient les choses de cette manière ». En réalité, ce n'est pas parce qu'ils ont réussi qu'ils ont cette mentalité, mais parce qu'ils ont cette mentalité qu'ils ont réussi !

Je pense qu'il est important de bien comprendre que les gens heureux, riches et optimistes sont eux aussi confrontés à des problèmes, des difficultés, et des déceptions. La différence c'est qu'ils n'abordent pas les événements de la même façon.

En effet, ils ont une capacité à rebondir en relativisant et en détectant le positif du point de blocage qui survient. Ils ne se mettent pas à ruminer ou à pester contre la situation, à culpabiliser, à se faire des reproches, ni à se dire que tout est perdu… Si la situation semble bloquée, et que leur projet n'avance pas ou ne fonctionne pas, ils se demandent alors: « que puis-je faire pour changer cela ? ». Ils se mettent à observer, à réfléchir et à trouver des solutions ! « Ce qui trouble les hommes, ce ne sont pas les choses, mais les jugements relatifs aux choses », nous disait déjà Epictète.

****

EXERCICES PRATIQUES

• Cherchez le positif

Commencez par vous exercer à chercher les aspects positifs des situations, même s'ils sont parfois moins évidents à percevoir que les côtés négatifs.

Voici quelques exemples pour vous aider:

- Au lieu de vous dire que vous avez échoué, réjouissez-vous d'avoir trouvé une manière qui n'a pas fonctionné comme vous le souhaitiez, et demandez-vous quelle belle opportunité vous attend à la place.
- Au lieu de ne penser qu'à votre problème, demandez-vous ce que vous allez pouvoir apprendre de cette situation.
- À la place d'utiliser le mot « problème », employez préférentiellement les mots « challenge » , « défi », ou « opportunité ».
- Au lieu de vous dire que vous êtes stressé, dites-vous simplement que vous êtes excité comme le suggère l'étude d'Alice Wood Brooks.
- Au lieu de vous dire que les personnes devant lesquelles vous devez faire une présentation orale ne sont là que pour vous juger, dites-vous qu'elles sont là pour faire leur boulot et écouter ce que vous avez à dire, ou dites-vous qu'elles sont comme vos amis.
- Imaginez que peu importe ce qui vous arrive dans votre vie soit un cadeau pour vous.

Cela peut sembler parfois un peu épuisant de faire attention à ses pensées. C'est souvent le cas au début et cela demande un entraînement. Mais avec la pratique vous formerez ensuite progressivement votre esprit à penser autrement, mais surtout, à réagir autrement.

• Se dissocier d'une situation

Une technique très efficace pour changer son mode de pensée est la dissociation. La dissociation permet d'établir une séparation entre une expérience, et les pensées, les sentiments ou les jugements qui y sont rattachés. Il s'agit en quelques sortes de se voir de l'extérieur, en étant spectateur. Le recul qui accompagne la dissociation permet de trouver plus facilement des solutions, pour soi comme pour les autres. Par exemple, nous arrivons plus facilement à donner des conseils aux autres, en leur proposant des solutions bien souvent judicieuses. Des solutions que nous avons pourtant bien du mal à appliquer sur nous-même.

Voici une astuce qui m'a personnellement beaucoup aidé: Imaginez par exemple être en face d'une personne qui présente le même problème que vous. Quels conseils lui donneriez-vous pour la rassurer ou l'apaiser? Quels comportements lui suggéreriez-vous d'adopter? Que lui diriez-vous qui puisse lui être utile ? Vous pouvez également vous demander comment vous réagireriez face à une personne qui rencontre le même problème que vous. Seriez-vous dans le jugement? L'humiliation? La critique? La moquerie?
Laissez moi vous donner un exemple personnel. Il n'y a pas si longtemps, j'étais incapable de demander l'heure à une personne inconnue dans la rue. J'avais peur de déranger les personnes, et peur de ce qu'elles pourraient penser du fait que je les abordais: « allaient-elles me prendre pour une folle? » me demandais-je. J'ai alors retourné les choses en me demandant comment moi je réagissais lorsqu'une personne inconnue dans la rue me demandait l'heure. J'ai alors pris conscience que j'étais contente de pouvoir l'aider. En réalité, je continuais mon chemin en oubliant presque immédiatement qu'une personne m'avait abordé. Ayant dorénavant conscience qu'il n'y avait rien « de mal » à demander l'heure ou des renseignements à des inconnus, j'arrivais alors plus facilement à les aborder.

Mettez-vous à la place de l'autre en « sortant de votre tête ». Prenez du recul sur les situations, en adoptant un point de vue le plus neutre et objectif possible. Il s'agit ensuite de laisser venir les solutions et de vous appliquer vos propres conseils sur vous-mêmes, comme si un tiers venait de vous les donner.

• La lecture

Je trouve dommage que la lecture soit si souvent délaissée. Pourtant, c'est l'un des meilleurs moyens de changer sa perception. Si vous me demandez ce qui m'a le plus aidé pour me libérer de mes peurs, et d'autres problèmes ensuite, je n'ai aucune hésitation quant à la réponse : les livres ! Personnellement, je n'étais pas une grande lectrice. Les seuls livres que j'avais en ma possession et que j'appréciais réellement, étaient la saga Harry Potter ainsi que quelques romans. La lecture s'apparentait davantage à une corvée qu'à un plaisir.

Mais, j'ai ensuite découvert les livres de développement personnel. La vision que j'avais de mes problèmes commença progressivement à se transformer, me permettant plus facilement d'envisager la possibilité d'aller mieux. Je lisais lentement, mais je constatais de plus en plus de changements que ce soit dans ma manière de penser, ou de réagir. J'ai alors compris que je devais être attentive à la qualité des livres que je sélectionnais.

La lecture est un excellent moyen pour travailler sur soi. Bien des livres peuvent nous guider dans notre vie, nous aider à trouver des réponses, cultiver notre bien-être, nous faire découvrir de nouveaux points de vue, nous aider à développer notre imagination et notre créativité, et à ouvrir de nouvelles portes.

Et si votre souhait est de grandir, d'évoluer, d'obtenir des clefs de compréhension concernant votre problème, de rester motivé… lire des livres qui vont en ce sens est à mon avis incontournable. Vous pouvez par exemple vous référer à ma bibliographie comme point de départ.

• L'influence des médias

Dans notre société actuelle, nous sommes pratiquement en permanence en contact avec les médias. Que ce soit les médias télé, presse, internet,… À toutes heures, les informations en boucle diffusent des images choquantes avec un ton inquiétant, pour tenir le spectateur en haleine. Tous les prétextes sont bons pour faire de l'audience, quitte à exagérer les faits réels pour capter l'attention du plus grand nombre. Pour parvenir à leurs fins, les médias cherchent à créer des émotions fortes chez les personnes qui les regardent. Quoi de mieux que la peur pour cela ! Les médias usent et abusent des drames et tragédies. Ainsi, ils banalisent l'horreur et généralisent les comportements agressifs. Au final, et à force d'être sans arrêt confronté à ces images et ces informations, nous devenons craintifs et développons des angoisses. L'image d'un monde dangereux s'insinue sournoisement dans notre esprit. Nous devenons de plus en plus méfiants envers les autres. Nous nous sentons menacés dès qu'une personne nous aborde dans la rue. Nous évitons certains quartiers. Nous ne sortons plus à certaines heures de la nuit. Nous ne nous sentons même plus en sécurité dans notre propre maison.

Ne pensez-vous pas que les médias influencent sensiblement notre manière de percevoir le monde dans lequel nous vivons ? Je vous invite fortement à vous détacher des médias qui entretiennent et cultivent nos peurs.

Certes, il est important de se tenir informé de l'actualité. Néanmoins, même si vous ne regardez plus la télévision, un proche vous en fera sans aucuns doutes un compte rendu, peut-être même sans que vous ne le lui ayez demandé. La différence c'est que vous n'aurez pas les images négatives dans votre esprit. À la place, remplissez votre esprit de belles choses: cherchez la joie, la tendresse, la beauté. Regardez des vidéos de chatons!

6.
LE MOMENT PRÉSENT

« Le moment présent a un avantage sur tous les autres : il nous appartient. »
Charles Caleb Colton

Il y a des moments où le temps semble suspendu. Ils s'accompagnent généralement de cette impression d'être totalement absorbé par ce que l'on est en train de faire qu'on en oublie tout le reste. Peut-être était-ce lorsque vous étiez en train de regarder un film, d'écouter une musique, de faire une balade dans la nature, de discuter avec une personne, de faire du sport, ou toute autre activité que vous affectionnez particulièrement (du dessin, du jardinage, de la couture, de la musique …), ou encore lorsque vous travaillez sur un projet qui vous tient à cœur, etc...

Vous êtes alors tellement immergé dans l'activité que rien d'autre ne semble avoir d'importance. Vous n'êtes pas déconcentré par l'extérieur (à moins qu'il y ait un événement exceptionnel qui nécessite votre attention immédiate) ou par votre intérieur : vous n'avez pas de pensées parasites. Vous en oubliez vos problèmes, l'image que vous pouvez renvoyer, ou le regard de l'autre et si vous ressentiez la moindre gêne avant de débuter l'activité (fatigue, envie de faire pipi, maux de têtes, rhume…), elle semble totalement disparaître.

Votre perception du temps se modifie : le temps semble s'accélérer à certains moments, et ralentir à d'autres. Peut-être avez-vous également l'impression que les choses se font d'elles-mêmes, avec une certaine fluidité et précision, comme s'il n'y avait pas d'efforts à fournir. Et puis, il y a cette sensation d'avoir fait ce qu'il y avait à faire, du devoir accompli ou du travail bien fait, qui vous procure une forme de plaisir et vous apporte une certaine sérénité d'esprit. Malheureusement, vite rattrapé par les tracas du quotidien, cette paix intérieure ne dure pas toujours aussi longtemps que ce que vous espériez.

C'est pourquoi, aussitôt l'activité terminée que vous songez déjà à y retourner. Peut-être même n'aviez-vous pas envie qu'elle se termine, et avez cherché à la faire durer le plus longtemps possible. Mais lorsque vous sortez réellement de cet état d'absorption, vous vous dites alors « c'était un super film/musique/livre », « c'était un beau match, ou une belle séance de sport » ou encore « c'était un bon moment en famille ».

Cela vous dit quelque chose ? Au travers de ces expériences, vous avez découvert ce que cela signifie d'être dans le moment présent. Il y aurait diverses manières de qualifier ces moments. Le psychologue Mihály Csíkszentmihályi a nommé ce concept le « flow ». En français, nous appelons cela « être dans sa bulle », « l'expérience optimale », ou encore « être en transe ». Tous ces concepts signifient plus ou moins la même chose : être là, maintenant, dans le moment présent.

Ces moments surviennent lorsque nous nous trouvons dans un état maximal de concentration, de plein engagement et de satisfaction dans l'accomplissement de l'activité que nous sommes en train d'effectuer. Le plus intéressant avec ces expériences, c'est qu'elles nous rendent capable d'oublier les aspects déplaisants de notre quotidien, et ne laissent pas de place à nos frustrations, nos angoisses, ou nos préoccupations, comme si cela n'était pas compatible.

LE POUVOIR DU MOMENT PRÉSENT

Eckhart Tollé, dans son livre *« Le pouvoir du moment présent »* explique que nous avons pris l'habitude de vivre constamment ailleurs que dans le présent: soit dans le futur à la recherche du bonheur ou d'un sens d'accomplissement qui nous échappe, soit nous vivons dans le passé, prisonniers de nos souvenirs et nos remords que nous n'arrivons pas à laisser derrière nous. Dans les deux cas, nous négligeons et délaissons le moment présent en ne profitant pas pleinement de l'instant. Nous sommes là physiquement, mais notre esprit est ailleurs : soit dans une forme d'anticipation, soit dans une forme de nostalgie. Nos pensées se dispersent et c'est à cet instant précis que nous commençons bien souvent à nous sentir mal.

Car au fond, qu'est-ce que l'angoisse? C'est une peur liée à un élément futur. C'est le mental qui anticipe et qui a peur de quelque chose. Il est bien évidemment fréquent que cette angoisse soit déclenchée et accentuée à cause d'un événement traumatisant lié au passé. En se recentrant dans le moment présent, tous les problèmes liés au passé comme au futur n'existent plus.

L'idéal serait même d'être toujours dans le moment présent. Malheureusement, je ne pense pas que cela soit possible. Certains, comme les moines bouddhistes, peuvent apprendre à vivre dans le moment présent pendant plus longtemps que la majorité d'entre nous. Néanmoins, et du fait de notre capacité à anticiper, il y aura toujours des moments où nous serons inquiets à propos du futur, ou en train de penser au passé, et où nous oublierons d'être dans le moment présent.

Vous avez certainement déjà constaté à quel point il est difficile de rester focaliser sur une seule chose pendant un certain temps. Notre attention se disperse rapidement. Je pense que cela s'explique aussi par le fait que nous sommes très peu conscients de nos actions, de nos mouvements, et de nos pensées au quotidien: nous fonctionnons en mode « pilote automatique ». Mais la fonction

« pilote automatique » ne permet que d’exister et non de profiter pleinement de chaque instant.

Il suffit d'observer une personne marcher dans la rue pour constater qu'elle n'est pas vraiment là, dans l'instant, et cela peut la rendre un peu plus imprudente. Absorbée dans ses pensées, par ses tracas du quotidien, elle ne voit pas la voiture au moment de traverser, ou le poteau qui se trouve juste sur son chemin par exemple.

De la même manière, nous essayons d'être toujours hyper-opérationnel en effectuant plusieurs tâches simultanément, mais cela s'avère bien souvent contre-productif. C'est alors que nous faisons des erreurs, ou nous ne faisons pas les choses aussi bien que nous aurions pu le faire si nous nous étions exclusivement consacrés à celles-ci. Nous faisons les choses machinalement, par habitude. Et bien trop souvent, nous nous surprenons en position de spectateur : nous regardons notre vie au lieu de la vivre.

Être pleinement conscient de ses pensées, de ses émotions, de ses comportements, voilà l'objectif visé par la méditation pleine conscience (ou m*indfullness* en Anglais). Son principe est simple : il s'agit de ramener son attention sur l'instant présent, en observant ce qui se présente à l'esprit et au corps de manière calme, lucide et objective. Elle consiste accepter ce qui vient, sans jugement et sans attente. La méditation suscite de plus en plus l'intérêt des neuroscientifiques et des psychologues de par les nombreux avantages qu’elle présente: elle réduit l’anxiété, augmente les capacités de mémorisation et de concentration, favorise la créativité, entraîne une amélioration des relations sociales, etc.

Les jeunes enfants sont maîtres dans l'art de vivre l'instant présent, tout simplement parce qu'ils n'ont pas la conscience du temps comme un adulte pourrait l'avoir. Si vous observez un enfant, très vite vous constaterez que ce qui compte le plus pour lui c'est l'instant présent. C'est ce qui lui permet de s'émerveiller avec un enthousiasme sincère des petites choses de la vie. Quand il joue, il joue. Quand il est triste, ils est triste. Quand il est heureux, ils est heureux. Quand il découvre une nouvelle chose, il découvre une nouvelle chose.

Ne souhaiteriez-vous pas à nouveau vivre avec une telle intensité chaque instant vous aussi? Peut-être est-ce réellement cela le lâcher prise.

LE LÂCHER PRISE

Avant de donner une définition du lâcher prise, voici un conte taoïste qui illustre plutôt bien ce qu'est selon moi le lâcher prise.

C'est l'histoire d'un paysan chinois suscitant la jalousie des plus riches du pays parce qu'il possédait un cheval blanc merveilleux. Chaque fois qu'on lui proposait une fortune pour l'animal, le vieillard répondait : « Ce cheval est beaucoup plus qu'un animal, pour moi, c'est un ami, je ne peux pas le vendre. » Un jour, le cheval disparut. Les voisins, rassemblés devant l'étable vide, donnèrent leur opinion : « Il était prévisible qu'on te volerait ton cheval. Pourquoi ne l'as-tu pas vendu ? ». Le paysan se montra plus dubitatif: « N'exagérons rien, dit-il. Disons que le cheval ne se trouve plus dans l'étable. C'est un fait. Tout le reste n'est qu'une appréciation de votre part. Comment savoir si c'est un bonheur ou un malheur? ». Les gens se moquèrent du vieil homme. Ils le considéraient depuis longtemps comme un simple d'esprit.

Quinze jours plus tard, le cheval blanc revint. Il n'avait pas été volé, il s'était tout simplement sauvé et présentement ramenait une douzaine de chevaux sauvages avec lui. Les villageois s'attroupèrent de nouveau. « Tu avais raison, ce n'était pas un malheur mais une bénédiction ». « Je n'irai pas jusque là » fit le paysan. « Contentons-nous de dire que le cheval blanc est revenu. Comment savoir si c'est une chance ou une malchance ? ». Les villageois se dispersèrent, convaincus que le vieil homme déraisonnait. Recevoir douze chevaux était indubitablement un cadeau du ciel. Qui pouvait le nier ?

Le fils du paysan entreprit le dressage des chevaux sauvages. L'un d'eux le jeta à terre et le piétina. Les villageois vinrent une fois de plus donner leur avis : « Pauvre ami ! Tu avais raison, ces chevaux sauvages ne t'ont pas porté chance. Voici que ton fils unique est estropié. Qui donc t'aidera dans tes vieux jours ? Tu es vraiment à plaindre ». « Voyons rétorqua le paysan, n'allez pas si vite. Mon fils a perdu l'usage de ses jambes, c'est tout. Qui dira ce que cela nous aura apporté ? La vie se présente par petits bouts, nul ne peut prédire l'avenir. ».

Quelques temps plus tard, la guerre éclata et tous les jeunes gens du pays furent enrôlés dans l'armée, sauf l'invalide. « Vieil homme, se lamentèrent les villageois, tu avais raison, ton fils ne peut plus marcher, mais il reste auprès de toi tandis que nos fils vont se faire tuer ». « Je vous en prie, répondit le paysan, ne jugez pas hâtivement. Vos jeunes sont enrôlés dans l'armée, le mien reste à la maison, c'est tout ce que nous puissions dire. Dieu seul sait si c'est bien ou mal. »

Quelques mois plus tard, la guerre se termina. Certains n'en revinrent pas. D'autres rentrèrent, couverts de gloire et chargés d'un riche butin de guerre. « Tu n'as pas de chance, dit le voisin, ton fils n'est pas revenu riche de la guerre ». « Est-ce une chance est-ce une malchance ? Qui peut le savoir ? dit le paysan.

Richesses vite accumulées, richesses vite dilapidées dit le proverbe. Et la misère revint, encore plus dure à supporter après une période d'abondance. « Tu as de la chance, dit le voisin. Ton fils n'est pas rentré riche de la guerre, mais il n'est pas tombé dans cette misère noire et déprimante où sont en train de sombrer nos propres enfants ». « Est-ce une chance, est-ce une malchance, dit le vieux paysan. Qui peut le savoir ? ».

Selon le Larousse, le lâcher prise est « un moyen de libération psychologique consistant à se détacher du désir de maîtrise. »

Effectivement, l'être humain a souvent tendance à vouloir tout contrôler : ses idées, ses émotions, son entourage, ses collègues de travail, les événements, etc. Le besoin de contrôle nous fait nous acharner sur ce qui aurait pu être ou ce qui devrait être. Il nous pousse à refuser ce qui n'est pas conforme à nos désirs, et à résister à ce qui est.

Lâcher prise, c'est réaliser que nous ne pouvons changer ni les événements ni les personnes qui nous entourent, et que nous pouvons seulement changer notre façon de les percevoir. Cela nécessite l'acceptation de nos limites, la reconnaissance des autres dans leurs différences et la capacité de faire avec ce qui est dans le présent. Il s'agit de prendre conscience de toute la perte d'énergie et de bien-être que représentent ce besoin de contrôle sur ce que nous ne pouvons pas changer ou influencer. C'est accepter les choses comme elles sont, sans jugements comme le fait le vieillard dans le conte taoïste.

Nous sommes souvent bien trop hâtifs pour interpréter les événements alors que nous ne voyons qu'un petit bout de la réalité. Nous ne pouvons jamais réellement savoir quelle sera la portée finale d'un événement. Ce qui de prime abord peut sembler négatif peut s'avérer extrêmement positif au final. Cela a été le cas concernant mes peurs. Sans elles, je ne me serais peut-être pas autant intéressée à l'hypnose, je n'aurais peut-être pas décidé d'en faire un métier, je n'aurais pas pu aider des personnes à surmonter leur problème, et je n'aurais pas pu développer toutes les ressources qu'être à mon compte m'ont permis de déployer. Sans mes peurs, je n'aurais peut-être jamais cherché à grandir, à évoluer, et à vivre de nouvelles expériences. Si je ne m'étais pas sentie aussi mal, je n'aurais peut-être jamais pu profiter autant des moments heureux. Si vous prenez le temps d'analyser les obstacles que vous avez eu à surmonter dans votre vie, je suis sûre que vous pourrez trouver des exemples de situations qui vous ont été bénéfiques.

Selon Tollé, « le lâcher prise c'est accepter le moment présent inconditionnellement, sans réserve. C'est renoncer à la résistance qui s'oppose à ce qui est ». « Résister intérieurement » nous dit-il, « c'est dire non à ce qui est, par le jugement de l'esprit et la négativité émotionnelle. »

La résistance que vous ressentez, est en réalité une résistance au changement. Vous tentez désespérément de vous accrochez à ce qui était et ne voulez pas (ou n'arrivez pas à) accepter la réalité de ce qui est. Peut-être ne voulez-vous pas accepter que votre travail ne vous satisfait plus, que la relation sentimentale dans laquelle vous êtes actuellement ne vous convient plus, que vous êtes en difficulté dans un certain domaine, ou qu'un aspect de votre vie ne pourra plus être comme avant. Ne pas accepter quelque chose revient en quelque sorte à se voiler la face en essayant de réparer quelque chose alors que vous ne voulez pas réellement reconnaître que cette même chose puisse être cassée, ou pire encore, qu'elle est irréparable. De la même manière, vouloir aller mieux sans avoir accepté que quelque chose n'allait pas est une méthode sûre pour continuer de se sentir malheureux.

Pour certains, le lâcher prise peut avoir des connotations négatives, comme s'il s'agissait de se résigner, d'abandonner, et de baisser les bras face à une situation. Bien au contraire, le lâcher prise ne signifie pas endurer passivement une situation sans rien faire pour l'améliorer.

Prenons un exemple concret. Lorsque j'effectuais mes études de psychologie j'ai longtemps lutté contre mes ressentis. Je ne voulais pas entendre la partie de moi qui me criait qu'il fallait que j'arrête parce que je n'étais pas heureuse, même si je savais au fond de moi qu'elle avait raison. Je m'acharnais à vouloir les poursuivre, d'une part à cause de l'investissement que j'avais fourni (en temps, en énergie, et en argent), et d'autre part à cause de la peur (peur d'arrêter, peur d'être jugée, peur d'être critiquée, peur d'être prise pour une folle), tout en espérant que mon mal-être finirait par passer avec le temps. Sauf qu'en réalité, plus j'avançais dans les études et plus je me sentais mal. Arrivée en première année de Master, je ne pouvais plus ignorer cette petite voix intérieure. J'ai donc fini par céder en me rendant à l'évidence : je voulais arrêter mes études, un point c'est tout. Simplement en acceptant cette vérité, j'ai déjà pu commencer à me sentir mieux, mais cela n'était pas encore suffisant, car il était ensuite temps de prendre mes dispositions pour être en accord avec ma décision. Je me suis alors mieux me renseigner sur l'hypnose, puis j'ai fait un prêt bancaire pour pouvoir me former, et enfin, en dernier lieu, j'ai arrêté mes études.

Lâcher prise c'est reconnaître dans un premier temps que quelque chose ne va pas, puis de reconnaître par la suite que vous voulez malgré tout arranger la situation et vous sentir mieux. Après quoi, vous pourrez commencer à essayer de chercher une solution et de choisir l'action qui vous paraît la plus juste et la plus adaptée. Ne rien faire alors que vous désirez vous libérer d'une situation, c'est résister à la partie de vous qui veut s'en sortir, ce qui engendrera inévitablement de la souffrance également.

Tollé nous explique également que « la résistance s'accentue particulièrement quand les choses vont mal, montrant par là qu'il y a un décalage entre les exigences ou les attentes rigides du mental et ce qui est. Ce décalage est celui de la souffrance. »

L'auteur Kristin Neff, qui enseigne dans le département de psychologie, à l'université d'Austin au Texas et qui est la première chercheuse à définir le concept d' « auto-compassion » résume la souffrance en une simple équation :

SOUFFRANCE = DOULEUR x RÉSISTANCE

Elle explique « qu'il est possible de distinguer la douleur normale inhérente à la vie : les émotions pénibles, l'inconfort physique ou physiologique, etc. de la véritable souffrance qui est l'angoisse psychique née de notre incapacité à accepter que l'existence puisse être douloureuse ». Elle poursuit en précisant que « notre douleur psychique naît du désir que la réalité soit différente. Plus nous résistons à ce qui se passe ici et maintenant, plus nous souffrons. Si on la laisse être là librement, elle finit par se dissiper. »

Refuser d'accepter la douleur en lui résistant, c'est l'exacerber. Nous ne pouvons pas changer les événements passés ou futurs dans le présent. Ce qui veut dire que nous sommes alors confrontés à deux possibilités: soit nous résistons à la réalité, et ce faisant, nous la subissons ; soit nous décidons de l'accepter comme elle est.

Vous savez tout aussi bien que moi que les choses « vont mal » relativement souvent. Il y a toujours un nouveau problème qui s'ajoute à notre liste déjà bien longue. C'est pourquoi, c'est précisément dans les moments difficiles qu'il nous faut mettre en pratique le lâcher prise. Notre attitude, et de surcroît la manière dont nous allons réagir dans une situation, sont les seules choses que nous pouvons réellement contrôler. Comme le dit Viktor Frankl, psychiatre autrichien déporté dans les camps de concentration lors de la seconde guerre mondiale, « la dernière des libertés humaines est la possibilité de choisir notre attitude dans un ensemble de circonstances. »

Dès lors que nous lâchons prise, nous faisons place aux solutions, aux changements, à l'évolution, et à une paix intérieure. Parfois on s'acharne trop longtemps à vouloir trouver une réponse à notre questionnement, ou une solution à notre problème. Pourtant, et curieusement, lorsque nous acceptons que nous n'avons pas ces réponses ou ces solutions, celles-ci finissent par nous venir naturellement. Par exemple, plus vous tenterez de chercher le prénom que vous avez sur le bout de la langue et plus vous constaterez qu'ils vous échappent. « Bon j'abandonne, ça finira bien par me revenir plus tard » vous dites-vous alors. Et soudain, quelques minutes, ou quelques heures plus tard, la réponse remonte à votre conscience comme un flash, au moment où vous vous y attendiez le moins.

Dans la même veine, nous pourrions citer toutes ces femmes qui lorsqu'elles acceptent pleinement leur infertilité en commençant les démarches pour adopter un enfant, finissent par tomber enceinte naturellement. Ou encore, ces personnes qui acceptent pleinement leur célibat en décidant d'apprécier le plus possible le fait d'être seul, et qui rencontrent quelques jours plus tard leur grand amour.

L'acceptation de son problème est une étape clé de tout changement. Évidemment, c'est toujours beaucoup plus simple à dire qu'à faire. Car lâcher-prise sous-entend d'avoir une foi totale et aveugle en la vie. Cela donne l'impression de faire un saut dans le vide, alors que nous ne voyons pas encore le filet qui nous réceptionnera. Mais lorsqu'on goûte au frisson du grand vide et qu'on s'aperçoit que tout est sécurisé (même si on ne sait pas exactement comment), on cherche alors à le retrouver le plus possible. En faisant confiance à la vie, on se donne la possibilité d'avancer vers quelque chose de mieux. Car c'est seulement à la fin de quelque chose que quelque chose d'autre peut commencer. Il faut accepter de quitter le rivage pour découvrir de nouveaux horizons.

****

EXERCICES PRATIQUES

• Apprendre à méditer

Un des exercices le plus simple pour s'entraîner à la méditation consiste à placer toute son attention sur sa respiration.
Je vous propose de faire l'exercice suivant pour commencer :

Commencez par vous asseoir confortablement. Posez vos mains sur vos cuisses. Vous pouvez fermer les yeux si vous le désirez.

Concentrez-vous uniquement sur votre respiration. Respirez calmement, sans forcer les inspirations ou les expirations pour autant. Et observez attentivement le parcours de l'air à l'intérieur de vous, sentez-le littéralement passer en vous. Une fois que l'air s'engouffre en vous, ressentez comment la poitrine se soulève, et le frottement des vêtements qu'il peut y avoir sur elle. Ne retenez pas l'air, laissez-le s'échapper. En vous concentrant, vous pouvez peut-être ressentir les battements de votre cœur. Observez-les eux aussi, voyez comment le rythme de votre respiration influe sur eux. Observez chaque sensation avec l'esprit et avec le corps. Il ne s'agit jamais d'émettre un jugement sur ce que vous observez. Regardez chaque chose comme elle est, c'est tout. Vous pouvez pratiquer ainsi avec tout ce que vous souhaitez. À chaque fois, soyez pleinement éveillé et ouvert aux sensations qui se présentent. Voyez-les une par une, voyez la manière dont elles sont intriquées. Laissez venir les pensées, et laissez vous porter par celles-ci. Ne cherchez pas à les couper, ne cherchez pas à les supprimer ou à les chasser.

Pour débuter, vous n'avez pas besoin de méditer pendant des heures; quelques minutes par jour suffisent.

• Ne rien faire d'autre que l'activité que vous êtes en train de faire

Dans son livre *Le Miracle de la pleine conscience*, Thich Nhat Hanh, moine bouddhiste vietnamien résidant en France, explique que la pratique de la pleine conscience se découvre dans l'attention que l'on porte à des moments très simples dans la vie de tous les jours. Pour cela, il vous suffit de vous concentrer pleinement sur l'activité que vous êtes en train de faire. Que ce soit manger, faire la vaisselle, téléphoner, marcher, regarder la télévision, discuter avec une personne... Lorsque vous faites une activité, faites cette activité. C'est tout. Rien d'autre que de simplement faire l'activité.

- Vous lavez la vaisselle ? Soyez conscient que vous êtes en train de laver la vaisselle. Vous êtes debout, vous respirez, vous ressentez l'eau sur vos mains, sa température, les odeurs du savon qui se dégagent, les mouvements que vous faites, la texture de l'éponge entre vos doigts, son poids. Prêtez attention à chaque petits détails.

– Vous êtes en train de manger ? Prenez le temps de manger. Tout d'abord, parce que vous ferez du bien à votre corps, et ensuite pour prendre plus de plaisir à manger. Au quotidien, manger devient parfois une corvée. Nous engloutissons nos repas pour nous rassasier, sans vraiment le savourer. Commencez par humer les odeurs qui s'en dégagent, observez et ressentez les différentes textures, mâchez lentement vos aliments pour laisser les saveurs se répandre dans votre bouche, sentez ensuite les aliments descendre le long de votre œsophage, puis recommencez le même procédé à chaque bouchée. Ne regardez pas la télé, ou ne lisez pas le journal en même temps, mais ne faites rien d'autre que manger.
– Vous passez un moment avec une personne ? Concentrez-vous uniquement sur elle. Écoutez-la, regardez-la, intéressez à vous elle comme si rien d'autre n'avait d'importance. Ne regardez pas votre téléphone. Ne soyez pas distrait par une mouche, ou d'autres personnes autour de vous. Soyez juste là avec elle.

Cela peut être aussi simple que cela! Il y a des opportunités partout autour de vous pour vous entraîner à être pleinement présent.

• Définir son cercle d'influence

L'auteur et conférencier américain Stephen Covey a passé la majorité de sa vie à essayer de comprendre ce qui fait que certaines personnes réussissent ce qu'elles entreprennent et comment elles sont maître de leur vie. Entre autres, il a pu constater que ces personnes-là se concentrent sur ce qu'il appelle le cercle d'influence, à savoir les faits sur lesquels nous pouvons avoir un certain contrôle. Son opposé est le cercle des préoccupations, qui lui contient toutes les choses qui nous échappent et sur lesquelles nous ne pouvons pas avoir d'impact réel direct (les autres, les événements passés, etc). Les personnes focalisées sur leur cercle des préoccupations ont alors une attitude réprobatrice ou accusatrice envers les autres, un langage réactif et le sentiment accru d'être une victime, ce qui amène leur cercle d'influence à se restreindre. Tandis que les personnes qui se focalisent sur leur cercle d'influence travaillent sur elles-mêmes et non plus sur les circonstances.

Comme nous le dit Covey, les problèmes que nous rencontrons relèvent de l'une des trois catégories suivantes:

- directement contrôlables: problèmes mettant en jeu notre comportement
- indirectement contrôlables: problèmes mettant en jeu le comportement d'autres personnes
- incontrôlables: problèmes auxquels nous ne pouvons strictement rien, comme notre passé ou des réalités physiques

Il précise également : « que le problème soit directement ou indirectement contrôlable, ou encore incontrôlable nous tenons entre nos mains le début de la solution: changer nos habitudes, changer nos méthodes de persuasion, et changer notre façon de voir les choses. » Car ce sont les seules choses qui se situent à l'intérieur de notre cercle d'influence que nous pouvons donc contrôler. Lâcher prise, c'est savoir distinguer ce qui relève de notre contrôle ou non. Pour cela, je vous invite à faire l'exercice suivant:

1. Choisissez un problème dans votre vie qui vous irrite et définissez alors dans quel catégorie il se situe.
2. Déterminez le premier pas, la première action à l'intérieur de votre cercle d'influence que vous pourriez entreprendre: que pourriez-vous changer dans votre comportement, ou votre attitude ? Quelles leçons pouvez-vous tirer de ce problème, etc?
3. Puis, passez à l'action.

• Accepter ce qui est

Accepter la réalité, c'est accepter qu'il y a une partie de nous qui a envie d'aller bien et une autre qui souffre. Tant que vous n'écouterez pas la partie de vous qui souffre, j'ai bien peur que vous ne puissiez pas aller mieux. Et cette partie qui souffre essaye très probablement de vous dire qu'elle a peur. Peur que votre problème puisse rester toute votre vie. Mais vous vous interdisez de l'imaginer, en vous disant quelque chose comme « ça ne sert à rien de penser à ça ». Alors vous reniez et rejetez cette partie de vous qui a peur, mais cela ne l'empêche pas pour autant d'avoir peur. Que vous le vouliez ou non, cette partie-là fait partie de vous, alors autant lui laisser exprimer ce dont elle a besoin le plus rapidement possible. Pour cela, je vous invite à imaginer que vous allez devoir vivre toute votre vie avec votre problème et d'accepter que cela soit effectivement possible. Voyons quelques exemples concrets :

- Vous avez une phobie quelconque ? Imaginez que cette phobie soit là toute votre vie, et acceptez le plus sincèrement possible que cela puisse arriver en vous disant que ce serait okay si cela devait être le cas.
- Vous voulez perdre du poids ? Imaginez que vous ayez ces kilos en trop toute votre vie, et acceptez le plus sincèrement possible que cela puisse arriver, et dites-vous les plus sincèrement possible que ce sera okay si cela devait être le cas.
- Vous avez envie d'arrêter de fumer ? Imaginez que vous ayez cette addiction pour le restant de vos jours, et acceptez le plus sincèrement possible que cela puisse arriver, en vous disant que ce sera okay si cela devait être le cas.
- Vous vous êtes disputé avec un(e) ami(e) et vous essayez désespérément de réparer votre relation ? Imaginez que votre amitié soit perdue ou qu'elle ne puisse plus jamais être pareille, et acceptez le plus sincèrement possible que cela puisse arriver, en vous disant que ce sera okay si cela devait être le cas.
- Vous souffrez d'une pathologie quelconque ? Imaginez qu'il n'existe pas de remèdes, et que vous allez devoir garder vos symptômes toute votre vie. Acceptez le plus sincèrement possible que cela puisse arriver, en vous disant que ce sera okay si cela devait être le cas.
- Un de vos proches à un défaut qui vous agace mais vous n'arrivez pas à le faire changer ? Imaginez qu'il soit comme cela toute sa vie et acceptez le plus sincèrement possible que cela puisse arriver, en vous disant que ce sera okay si cela devait être le cas.

En laissant la partie de vous qui a peur imaginer toutes les choses qui l'angoissent, vous lui prouverez réellement que vous l'acceptez, sans la juger. Une fois qu'elle aura exprimer tout ce dont elle avait besoin, vous pourrez ensuite vous concentrer sur la partie de vous qui veut aller mieux.

D'une certaine manière, on pourrait dire qu'il s'agit simplement de « voir la vérité en face ». Et la vérité, c'est que dès lors qu'un problème se manifeste, il y a toujours une partie de nous qui a peur de ne pas être capable de s'en sortir. Lorsque vous ne fuirez plus la vérité, la vérité vous libèrera.

Cet exercice est selon moi un des plus importants, et des plus difficiles à oser mettre en pratique. Mais je pense de plus en plus qu'il est inévitable et incontournable.

• Apprendre à accepter l'inconnu

Bon nombre de nos peurs sont liés à la peur que les choses ne se passent pas comme nous les avions prévu. Nous sommes alors très vite déstabilisés lorsque se manifeste l'imprévu, et le travail d'acceptation n'est alors pas toujours simple à enclencher le moment venu. C'est pourquoi je vous invite à faire ce travail-là en amont, c'est-à-dire de ne pas attendre que l'imprévu soit là pour commencer à l'accepter. Il s'agit de commencer à imaginer tout ce qui pourrait vous échapper, et d'accepter qu'il y ait une probabilité que cela puisse arriver. C'est un peu la continuité de l'exercice précédent. Pour comprendre un peu mieux ce que j'entends par là, laissez moi vous donnez quelques exemples:

- Vous avez peur de parler en public ? Imaginez bien avant votre présentation orale (quelques heures, quelques jours, ou quelques semaines) qu'il soit tout à fait possible que vous bafouilliez le moment venu, que vous ne trouviez pas vos mots, ou que les choses ne se passent comme prévues. Et acceptez cette possibilité-là en vous disant que si cela devait arriver, ce serait okay et vous pourrez y faire face.
- Vous avez un projet que vous aimeriez bien développer? Imaginez qu'il soit tout à fait possible que ce soit plus com-

pliqué que ce vous aviez imaginé, ou qu'il y ait des risques (par exemple financiers). Et acceptez cette possibilité-là.

- Vous venez de commencer une nouvelle relation sentimentale ? Même si tout se passe bien, acceptez la possibilité que votre liaison puisse se terminer.
- Au réveil, demandez-vous tout ce qui pourrait mal se passer dans votre journée. Et acceptez le plus sincèrement possible que ces choses puissent potentiellement arriver.
- Imaginez que ce soit votre dernière journée en vie, ou la dernière fois que vous voyez vos proches, et acceptez que cela puisse être effectivement le cas.
- Et enfin le plus important, acceptez la possibilité que vous ne puissiez pas tout anticiper et qu'il y aura toujours quelque chose que vous ne pourrez pas prévoir.

Bien évidemment, imaginer tous ces scénarios ne veut pas forcément dire qu'ils se réaliseront. Il s'agit juste ici d'être pragmatique. Car la réalité, c'est que les choses ne se passent jamais comme prévues. On pourrait dire que cet exercice permet de faire son deuil d'un événement avant même qu'il ne soit arrivé. Il s'applique également à toutes possessions physiques.

Selon mon expérience personnelle, je constate que depuis que je mets en pratique cet exercice, j'accepte plus facilement l'imprévu et je suis beaucoup moins déstabilisée par celui-ci. Cela me permet de mieux me préparer à y faire face et à lâcher prise plus rapidement.

Un des meilleurs films (et un des mes préférés) qui illustrent selon moi parfaitement le lâcher prise, c'est Premier contact réalisé par Denis Villeneuve. Je vous invite fortement à le regarder.

• Faire un jeu de son problème

J'ai tendance à penser qu'un problème ne devient un problème qu'à partir du moment où nous pensons qu'il en est un. Et si nous arrêtions d'être trop sérieux, et que nous faisions un jeu de notre problème? Ne pensez-vous pas que cela viendrait changer drastiquement la manière de le vivre? Ne serait-ce pas là le véritable lâcher prise ?

Le fait de jouer introduit une notion de plaisir, qui comme nous l'avons déjà vu plus tôt, est l'antidote de la souffrance. L'idée est donc de prendre sincèrement du plaisir à avoir son problème, au lieu de le subir. En d'autres mots, il s'agit d'avoir *hâte* d'avoir son problème plutôt que d'en avoir peur.

Quelques exemples:

- Si vous avez un tempérament anxieux, cherchez à stresser le plus possible dans une journée, en prenant plaisir à stresser.
- Si vous traversez une période d'insomnie, au lieu d'avoir peur de ne pas dormir, choisissez volontairement de ne pas dormir, en prenant plaisir à ne pas dormir.
- Si vous avez peur de rougir, essayez de rougir le plus possible dans une journée, en prenant plaisir à rougir.
- Si vous avez peur de démarcher par téléphone et de vous faire raccrocher au nez, essayez le plus possible de vous faire raccrocher au nez, en prenant plaisir à vous faire raccrocher au nez.
- Si vous avez tendance à grignoter les après-midi, lancez-vous le défi de manger le plus possible en allant au bout et même plus loin encore que votre pulsion, en prenant plaisir à grignoter.

Il ne reste plus qu'à vous amuser! Servez-vous de votre créativité et de votre imagination. N'attendez pas de vous sentir mal pour commencer à jouer.

7.
LES PENSÉES

« Ce que tu jettes derrière toi,
tu le retrouveras devant toi. »
Proverbe Touareg

Anticiper des événements à venir, tirer des leçons du passé et imaginer des solutions pour des problèmes sont des comportements indispensables à notre survie et à notre bien-être. L'être humain dispose d'une capacité énorme à imaginer tout un tas de choses, car cela lui permet de faire émerger des idées ingénieuses dans le but de créer des histoires, ou encore des œuvres d'art, mais aussi de résoudre ses problèmes. Au cours de nos journées, il nous arrive de devoir faire face à certains obstacles et ces derniers déclenchent automatiquement des réflexions. Celles-ci peuvent prendre la forme d'une recherche active de solutions ou enclencher des ruminations anxiogènes et déprimantes.

Dans le dernier cas, cette tendance à envisager spontanément le pire a presque toujours des conséquences émotionnelles ainsi que des conduites préjudiciables. Car, même si cette capacité à prévoir le négatif a pour fonction de nous protéger afin d'analyser correctement une situation et plus particulièrement les risques potentiels, passer son temps à prévoir d'éventuels événements stressants est précisément ce qui vient engendrer le stress.

C'est un peu comme si vous faisiez monter le stress progressivement, au fur et à mesure que vous vous perdez à imaginer les pires scénarios. Ce qui fait que lorsque le moment stressant arrive réellement, le niveau de stress est déjà relativement élevé. Aussi, la moindre petite chose peut ensuite très vite nous déstabiliser et nous perdons alors totalement le contrôle de nos réactions. De l'extérieur, les autres ne comprennent pas toujours notre attitude parce qu'ils n'ont pas conscience que le stress avait déjà commencé bien avant le moment venu.

L'anticipation nous donne une illusion de contrôle. Mais lorsque survient immanquablement l'imprévu, nous culpabilisons de n'avoir pas réussi à le prédire, ce qui engendre davantage de stress et nous pousse d'autant plus à vouloir tout contrôler. De ce fait, le phénomène d'anticipation est un véritable ennemi pour la personne anxieuse.

Beaucoup de personnes souhaiteraient alors couper leurs pensées, comme si cela pouvait être une solution à ces ruminations incessantes. Malheureusement, nous ne pouvons pas les couper. À moins d'être mort! Au quotidien, nos pensées sont comme un bruit de fond qui nous empêchent de trouver la paix. Nous ne contrôlons pas nos pensées, ce sont elles qui nous contrôlent.

Bien évidemment, cette petite voix incessante est bien souvent négative : elle commente et juge toutes nos actions, nous dévalorise, se plaint, elle imagine que les choses vont mal se passer, et s'inquiète de toutes les éventuelles conséquences négatives. Dès lors que notre cerveau se focalise sur nos pensées négatives, celles-ci provoquent un processus de “rumination“. Ces ruminations, qui nous donnent l'impression d'un disque rayé, peuvent conduire à la dépression si elles concernent le passé, et à de l'anxiété si elles sont tournées vers l'avenir.

À force d'entendre cette petite voix négative, nous avons fini par nous y identifier, en prenant ses paroles pour des vérités absolues. Naturellement, elle finit rapidement par nous agacer, et c'est pourquoi nous tentons de faire de notre mieux pour la faire taire. De ce fait, nous essayons de nous occuper, de nous distraire comme nous le pouvons pour ne plus y penser. Cependant, quoique nous fassions, elle finit irrémédiablement par revenir...

L'EFFET REBOND DES PENSÉES

Daniel Wegner, un psychosociologue américain, a écrit un livre passionnant sur la difficulté à supprimer une pensée. Il a mené une étude (Wegner, Schneider, Charretier, & White, 1987) qui a mis en évidence que plus nous essayons de ne pas penser à quelque chose, plus nous y pensons. Curieusement, nous y pensons même encore plus que si nous tentions de contrôler nos pensées.

Dans son expérience réalisée dans un laboratoire de psychologie dans une université du Texas, Daniel Wegner avait demandé aux participants de ne pas penser à un ours blanc pendant les cinq prochaines minutes. Une consigne plutôt simple. Tout du moins en apparence. Car à chaque fois que les participants essayaient de penser à autre chose, leurs pensées finissaient toujours par revenir sur les ours blancs, tel un boomerang. Ils n'arrivaient pas à s'en empêcher comme si penser aux ours blancs devenait irrésistible.

Cela ne vous rappelle pas quelque chose ? Par exemple, lorsque vous essayez de ne pas penser à ce délicieux gâteau qui vous attend dans votre placard, à cette malencontreuse chute que vous avez pu avoir dans la journée, cette parole maladroite que vous avez eu envers votre collègue, à un souvenir douloureux, ou encore cette peur que vous pouvez avoir. Plus vous essayez de repousser ou d'éviter ces pensées, plus elles deviennent présentes et ont de l'emprise sur vous. Daniel Wegner a nommé ce phénomène l'effet rebond (ou l'effet ironique).

Cet effet ironique explique bon nombre de nos problèmes modernes, et pourquoi nous avons autant de mal à maîtriser certains de nos comportements. Plus nous essayons de ne pas faire quelque chose, plus il y a de chance que nous le fassions.

Comme par exemple celui qui n'arrive pas à tenir son régime en se mettant à grignoter en dehors des repas, le fumeur qui veut diminuer voire arrêter sa consommation de tabac mais qui se sent irrésistiblement attiré par son paquet de cigarettes et qui finit par céder, celui qui s'inquiète mais qui essaye de bloquer son anxiété pour au final finir par se retrouver à imaginer les pires scénarios.

C'est ce qui se passe également pour la personne qui essaye de garder un secret qu'on lui a confié qui se surprend à tout révéler sans même qu'on le lui demande, ou le serveur qui essaye de ne pas faire tomber ses plats et qui les voit voler en éclat sur le sol, ou encore ce moment lorsque vous ne savez plus comment manger pour essayer de ne pas salir votre pantalon blanc etc... La liste d'exemples pourrait être très longue.

Les tentatives de suppression de pensées ont deux conséquences majeures :

- la première, vous l'aurez compris, c'est qu'il y a un échec total de la suppression de la pensée. Bien au contraire, il y a un retour de cette pensée que l'on tentait justement de supprimer : elle nous revient en pleine figure
- la deuxième, c'est que l'on observe un accroissement de l'occurrence de cette pensée, ce qui veut dire que nous y pensons encore plus qu'avant.

Le plus ennuyant peut-être, c'est que la tentative de suppression de pensée négative augmente la probabilité d'être déprimé. Daniel Wegner décrit que les personnes se sentent d'autant plus tristes lorsqu'elles essayent de ne pas penser à des choses tristes que lorsqu'on leur demande d'y penser volontairement. Il précise que ce ne sont pas nos pensées qui posent problème mais le fait de vouloir les supprimer puisque c'est la suppression de pensée qui vient augmenter les symptômes d'anxiété.

Car plus vous essayez de repousser une pensée, plus elle va refaire surface, et plus il y a de chance que vous partiez du principe que vos pensées soient fondées. Sinon pourquoi referaient-elles surface?

Lorsqu'une pensée revient avec insistance et devient de plus en plus fréquente, nous supposons très naturellement que c'est parce qu'il y a un message important derrière ces pensées. Plus nous y pensons, plus nous commençons à envisager la possibilité qu'elle soit vraie et plus elle nous paraît judicieuse.

Lorsque vous repoussez une pensée, et qu'elle finit irrémédiablement par revenir - parce que oui, quoi que vous fassiez, elle finit toujours par revenir - elle vous réapparaît encore plus significative. Imaginez un peu alors ce qu'il se passe dans la tête d'une personne anxieuse, ou phobique !

Cela explique certainement pourquoi les phobiques finissent réellement par se persuader qu'ils ont raison d'avoir peur, et même s'ils savent que leurs pensées et leurs réactions sont irrationnelles, ils ne peuvent pas s'empêcher d'y penser. Voilà pourquoi elles se retrouvent dans l'incapacité d'arrêter d'anticiper un événement ou une situation et que toutes les pensées qu'elles peuvent avoir autour de cela deviennent de plus en plus vraies ... et puissantes.

Ainsi, vouloir réprimer une pensée pénible, désagréable ou perturbante s'avère être une stratégie vaine, voire contre-productive, car celle-ci revient plus souvent par la suite, et peut même potentiellement se transformer en obsession dans certains cas. Alors, dans le but de ne plus y penser, de nombreuses personnes mettent en place une stratégie de diversion.

LES STRATÉGIES DE DIVERSION

Lire, regarder la télé, passer un moment en famille, faire du sport, ou travailler etc... ces activités nous permettent quelques fois de nous détacher de nos pensées désagréables. Malheureusement, il arrive parfois que cela ne fonctionne pas du tout, et que cela vienne même empirer le problème.

Imaginez que vous venez tout juste de vous disputer avec l'un de vos proches. Avec cet incident encore très frais dans votre esprit, vous vous rendez malgré tout à votre lieu de travail. Si c'était la première fois que vous vous disputiez, alors vous n'aviez encore jamais eu besoin de vous distraire pour ne plus penser à ce problème. Vous allez donc très certainement constaté que vous ne rencontrerez pas trop de difficultés pour vous consacrer à votre travail, et qu'au contraire cela vous fera peut-être même beaucoup de bien.

Si à l'inverse, les disputes sont devenues récurrentes, au fil du temps vous allez chercher des moyens pour vous distraire: rester au travail plus longtemps, regarder la télé, sortir voir vos amis etc. Cela vous faisait beaucoup de bien au début. Cependant, progressivement, au lieu de vous empêcher de penser à ses disputes, cela vous empêche maintenant de profiter de ces moments de répits. Alors que vous cherchez à vous détendre, vous vous sentez davantage tendu et stressé en repensant à ce qui ne va pas. Et c'est là que cela devient problématique.

Wegner a pu observer que lorsqu'il demandait aux participants de son étude ce qu'elles faisaient pour éviter d'avoir des pensées indésirables, elles mentionnaient quasi systématiquement le fait de chercher à se distraire. Quand ils demandaient ensuite aux personnes qui s'identifiaient comme étant anxieuses pourquoi cela ne fonctionnent pas toujours, elles blâmaient justement leur incapacité à savoir se distraire. Wegner précise que pour supprimer une pensée il faut réussir à s'absorber totalement dans une autre. Pour cela, l'objet de distraction doit nous paraître suffisamment intéressant et engageant pour être efficace. Il s'agit de retrouver ce même état d'absorption que nous avons abordé dans le chapitre sur le moment présent. Malheureusement, il s'avère que c'est précisément la difficulté que rencontre une personne qui est anxieuse: elle n'arrive plus à profiter du moment présent.

Les stratégies de diversion, ne plus penser à quelque chose en tournant son esprit vers autre chose ou en changeant d'activité, ne se révèlent efficaces que si les pensées à éviter correspondent à une émotion mineure et ponctuelle. Mais elles doivent seulement être une solution à court terme, comme le serait un pansement. Car, les stratégies de distractions, si elles sont utilisées de manière récurrentes, équivalent en réalité à une fuite du problème. C'est également pour cette raison que vouloir penser positivement en pensant « tout va bien » alors qu'en notre for intérieur nous savons que ce n'est pas le cas n'a en réalité que peu d'effet et peut, encore une fois, empirer même le problème. Car en essayant de penser positivement, vous rejetez indirectement la partie de vous qui a des pensées négatives.

Malgré le sombre tableau que je viens de brosser, nous ne

sommes heureusement pas réduits à souffrir de nos pensées indésirables sans ne rien pouvoir y faire. Il existe bien heureusement des solutions.

Et peut-être vont-elles vous paraître étrange. Étant donné que le principe de l'effet rebond est paradoxal, la solution pour s'en libérer l'est tout autant. Car, comme le suggère Wegner, il est nécessaire dans un premier temps de faire face à nos pensées indésirables pour pouvoir s'en libérer. C'est donc en arrêtant de lutter et de vouloir chasser certaines pensées que nous pouvons nous libérer de leur emprise. Dès lors que nous cessons de vouloir les contrôler, nous pouvons reprendre le contrôle de notre vie. Paradoxalement, le fait de se donner la permission d'avoir certaines pensées réduit considérablement le fait d'y penser. Les études cérébrales récentes valident et confirment qu'à partir du moment où la personne s'autorise à penser à quelque chose, cette pensée devient moins privilégiée par le cerveau et moins présente dans leur esprit. S'autoriser à avoir certaines pensées pénibles, et à ressentir les émotions douloureuses qui peuvent y être associées, c'est faire preuve d'auto-compassion et de bienveillance envers soi-même. À l'inverse, s'interdire de les avoir en étant exigeant envers nous-même provoque un stress bien lourd à porter.

QUAND L'INTERDIT ATTISE LA CURIOSITÉ

Lorsqu'une chose nous est interdite, elle suscite immédiatement notre intérêt et notre curiosité: c'est l'effet du fruit défendu. L'être humain se sent comme attiré par tout ce qui n'est pas à sa portée et il ressent bien souvent un besoin irrésistible de découvrir l'inconnu, et de transgresser les règles, mais surtout, il n'apprécie pas lorsque son sens de la liberté est menacé. Le fait de dépasser ces barrières que le monde et les autres nous imposent suscite en nous en certain plaisir, qu'importent les conséquences pour lesquelles on nous met en garde. Nous voulons nous prouver que nous sommes notre propre maître, que notre conduite ne peut nous être dictée par autrui.

Notre goût pour le censuré, pour ce qui est compliqué ou pour ce qui peut entraîner des conséquences dangereuses est présent dans une multitude de situations de notre vie quotidienne. Il suffit d'interdire à un fumeur la cigarette pour qu'il se sente irrésistiblement attirer par son paquet, il suffit que le médecin nous interdise de consommer un aliment pour que celui-ci devienne plus alléchant, il suffit qu'on interdise à un enfant un jeu vidéo pour que cela attise davantage son envie d'y jouer, ou encore une personne nous attire plus si elle est en couple, si elle joue l'inaccessible ou si elle représente un amour impossible.

En revanche, lorsque les choses nous sont autorisées, lorsqu'elles semblent trop facile ou que nous pensons déjà les posséder, nous finissons par nous ennuyer ou par perdre de l'intérêt. Lorsque nous avons enfin conquis la personne que nous convoitions, nous commençons à nous ennuyer; ou si nous nous mettons à manger tous les jours un plat que nous apprécions, nous finissons par nous en lasser assez rapidement. De ce fait, il semble préférable de lever le plus possible les interdits pour ne pas attiser la curiosité. Toutefois, il est important de le faire correctement.

Commençons dans un premier temps par préciser, comme le souligne Freud, le célèbre psychanalyste, que nous pouvons distinguer les *interdits culturels* (qui peuvent porter par exemple sur les relations sexuelles entre certains partenaires mais aussi sur la consommation de certains produits, la chasse de certains animaux, la prononciation de certains mots, ou un acte de la vie quotidienne, etc) et les *interdits fondamentaux* qui régissent notre société afin d'en assurer le bon fonctionnement et qui sont au nombre de trois : ceux de l'inceste, du cannibalisme et du meurtre. S'il est effectivement important de fixer des limites, ce qui l'est encore plus, c'est d'expliquer pourquoi une chose est interdite, en expliquant, sans jugements, les conséquences qu'engendreraient une transgression.

Par exemple, alors que je n'étais qu'une adolescente, ma mère me disait souvent qu'elle serait bien mal placée pour m'interdire de fumer, étant donné qu'elle-même était une grosse fumeuse. Elle m'expliqua les conséquences et les dangers qu'il y avait à fumer, et qu'elle-même aurait préféré ne jamais commencer car la cigarette était devenue une addiction dont elle n'arrivait pas à se défaire. Pour cette raison, elle me déconseillait fortement de commencer. En revanche, elle m'a également fait comprendre que si jamais je décidais de le faire, elle ne m'en voudrait pas ou ne me jugerait pas. Et c'est très certainement ce que j'avais besoin d'entendre. En agissant ainsi, elle me laissa la liberté de faire mes propres choix, tout en m'apprenant à me responsabiliser. J'ai alors eu l'impression que l'aversion naturelle que je ressentais déjà face à la cigarette s'amplifiait davantage et je n'ai jamais ressenti l'envie ou le besoin de fumer de toute ma vie. Je ne sais pas si elle savait exactement ce qu'elle faisait mais je l'en remercie sincèrement. Cette approche a semble-t-il été très utile également auprès de mes deux frères qui, eux non plus, n'ont jamais touché une cigarette de leur vie.

Pour toutes ces raisons, je conseille quasi systématiquement à mes consultants de ne s'interdire aucunes pensées, même (et en particulier) celles qui leur semblent inacceptables. Trop souvent nous nous disons « je ne devrais pas penser ça de lui/elle/moi », « cette pensée est terrible » ou « ça ne sert à rien de penser à ça ». Alors nous nous auto-censurons. Cependant, malgré tous nos efforts, nous constatons que ces pensées finissent toujours par revenir. Or, tout comme nos émotions, nos pensées ne sont ni bonnes ni mauvaises. Ce sont juste des pensées. Dès lors qu'on arrête de les juger en nous autorisant à les avoir, on constate alors qu'elles perdent rapidement de leur force et qu'elles peuvent enfin se dissiper.

De même, s'interdire quelque chose revient à ne pas accepter que nous puissions faire une erreur et que nous ne soyons pas parfaits. Il n'y a pourtant rien de mal à « échouer ». Cela peut être précisément ce dont nous avons besoin pour nous remettre en question, réévaluer nos compétences, et nous améliorer. S'interdire de faire des erreurs, c'est s'empêcher d'apprendre et d'évoluer. C'est pourquoi il me semble essentiel de s'autoriser à en faire, ou tout du moins d'accepter la possibilité que nous n'arriverons peut-être pas à atteindre notre objectif. Devoir “absolument” réussir rajoute une pression bien lourde à porter.

À titre d'exemple, voilà maintenant plus de deux ans que je ne consomme plus de viandes. Je me suis longtemps demandée comment je faisais pour « résister ». Ceux qui me connaissaient déjà avant que j'arrête d'en manger savaient pourtant que j'appréciais le goût de la viande. Alors comment fais-je pour tenir aussi facilement ? Je l'explique tout simplement par le fait que je ne me suis jamais interdit d'en re-manger. Depuis que j'ai décidé d'arrêter d'en consommer, j'ai toujours été très claire là-dessus : si un jour j'ai envie d'en manger, j'en re-mangerai.

La seule chose qui m'importe, c'est d'être en accord avec moi-même. À l'heure actuelle, je ne ressens aucun besoin et aucune envie d'en consommer. Cependant, j'accepte la probabilité qu'il soit tout à fait possible que dans quelques temps mon discours change. C'est d'ailleurs pour cette raison que je ne me considère pas végétarienne afin de ne pas me « mettre dans une case » et être définie par celle-ci.

M'autoriser à en remanger si un jour je le désire me permet de tenir sans avoir besoin de fournir d'effort. C'est un peu comme si j'avançais au jour le jour en me demandant presque quotidiennement « ai-je besoin et envie de manger de la viande ? », puis en sondant mes ressentis et selon la réponse qui me vient, j'agis en fonction. Je ne me suis jamais dit « je ne pourrais plus remanger de viandes ! » Je ne me projette pas sur du long terme, et je me concentre uniquement sur le moment présent. Ainsi, je m'aperçois que tenir une journée sans viandes est tout à fait possible. À l'inverse, si vous m'aviez demandé au tout début si je pensais être capable de tenir 2 ans sans en manger, j'aurai certainement répondu que j'en doutais sérieusement. Pourtant, en avançant jour après jour, sans me mettre aucune pression, j'ai pu tenir cette période de deux ans sans difficultés et sans ressentir aucun manque.

En consultation, je constate que les personnes qui se mettent trop de pression à vouloir changer, (comme par exemple, celles qui doivent perdre du poids ou arrêter de fumer rapidement parce qu'elles ont un problème de santé), sont celles qui rencontrent le plus de difficultés pour se libérer de leurs problèmes. En réalité, elles s'interdisent de penser au fait qu'il soit possible qu'elles n'y arrivent pas aussi bien que ce qu'elles imaginaient. Elles ne veulent pas accepter la probabilité d'un éventuel échec. Inversement, les personnes qui ont le moins d'attente par rapport à la consultation sont celles qui évoluent le plus rapidement. Elles ne se disent pas que la séance ne va pas être utile, et elles ne se disent pas non plus qu'elle va tout changer dans leur vie. En d'autres termes, elles veulent les choses sans trop les vouloir pour autant. Comme le dit si bien Viktor Frankl dans son livre *Découvrir un sens à sa vie avec la logothérapie*, « tout comme la peur provoque exactement ce dont on a peur, le désir excessif rend impossible à obtenir ce qu'on désire à tout prix. »

IMAGINER VOLONTAIREMENT LES PIRES SCÉNARIOS

Oscar Wilde disait « si tu te l'accordes, tu pourras y renoncer ; si tu ne te l'accordes pas, toute renonciation sera impossible ».
Bien que cela semble contre-nature au premier abord, s'autoriser à imaginer les pires scénarios s'avère être particulièrement efficace lorsqu'il s'agit de traiter l'anxiété, les peurs, et les compulsions.

Thomas D Borkovec, professeur de psychologie à l'Université de Pennsylvanie a effectué une étude très intéressante auprès de personnes souffrant de la peur des serpents (1974). Chaque participant devait effectuer une série de tâches: commencer par penser à un serpent, observer au loin un vrai serpent, s'en rapprocher le plus possible, jusqu'à le prendre. Évidemment, cela n'était pas du tout plaisant pour les participants, et beaucoup d'entre eux ont reporté vouloir s'arrêter avant d'avoir été au bout. Lorsqu'ils atteignaient leurs limites personnelles, il leur était fait la suggestion soit:

- de supprimer leur pensée autour de la peur en se visualisant en train de faire demi-tour et de s'éloigner le plus loin possible du serpent.
- de penser encore plus à la peur.

L'étude s'est déroulée sur plusieurs jours au cours desquels il devait répéter cet exercice. Les résultats montrent, que le rythme cardiaque des personnes du premier groupe, ceux qui devaient éviter de penser à la peur restait très élevé durant toute la période de l'étude. A contrario, le rythme cardiaque de ceux qui devaient se concentrer sur leurs pensées autour de la peur étaient très élevé au début de l'expérience puis a commencé à décliner au fil du temps. Puisqu'ils ont fait face à leur pensée, au lieu de les supprimer, leur corps a pu s'habituer à la peur.

Faire face à ses pensées, c'est précisément cette stratégie qu'utilise Giorgio Nardone auprès de ses patients. Dans son livre *« Dépasser les limites de la peur »*, il décrit quelques cas cliniques, dont notamment l'histoire d'un monsieur d'une quarantaine d'années, auteur de livres à succès qui avait développé la peur de parler en public. Son anxiété s'était accrue de manière exponentielle à tel point que son corps réagissait par des somatisations tel qu'une tachycardie, des maux de ventre, une transpiration excessive etc. Ces symptômes l'avaient même contraint à repousser, voire annuler certaines de ces interventions publiques, alors qu'auparavant il pouvait donner des conférences et des cours magistraux avec assurance et calme.

Giorgio Nardone lui a alors donné la consigne suivante : « durant vos prochaines sorties en public, je veux dire lorsque vous devrez faire une conférence, suivez précisément ces indications. Durant l'heure qui précède votre conférence, efforcez-vous de vous concentrer sur tout ce que votre imaginaire pourra produire de pire et focalisez-y toute votre anxiété, vous en aurez ainsi beaucoup moins par la suite ». Le patient avait suivi la prescription et cela lui avait permis de donner sa conférence sans anxiété.

Même consigne pour une femme qui avait peur d'avoir peur et qui était constamment dans de l'anticipation. Elle devait, tous les jours à la même heure, s'enfermer dans une pièce et se concentrer sur les pires idées imaginaires liées à son problème.

Même prescription pour un homme qui avait peur de prendre l'avion qui devait, lui, imaginer ce qu'il pourrait arriver de pire au bord de l'avion.

Dans les deux cas, les deux patients étaient surpris de constater que bien loin d'avoir ressenti de l'angoisse au moment d'effectuer leurs tâches, ils s'étaient détendus parfois même jusqu'à l'endormissement.

Une manière de procéder également soutenue par les études de Borkovec qui montrent son efficacité (1983). Ces séances de rumination contrôlée consistent à réfléchir activement aux idées tournoyantes durant des séances quotidiennes d'au moins trente minutes (car selon les résultats de l'étude, des séances plus courtes étaient sans effet ou renforçaient les ruminations), et doivent être l'occasion de regarder bien en face les problèmes, les événements, les pensées et les images qui perturbent, en tolérant l'arrivée d'émotions pénibles. Cette stratégie amène la personne à passer du ressassement à une démarche méthodique de résolution concrète de son problème.

Si au premier abord, cette approche paraît totalement contre-nature, elle s'avère pourtant redoutable d'efficacité et présente de nombreux avantages. En voici quelques-uns :

Reprendre le contrôle: Le premier intérêt, et non des moindres, c'est la notion de contrôle. Si vous avez une peur, il y a de fortes chances que vous ayez l'impression d'être totalement dominé par vos pensées. Vous les subissez. Elles surviennent sans que vous ne leur ayez rien demandé, et viennent s'insinuer dans votre esprit pour ne plus vous laisser tranquille, vous empêchant ainsi d'être serein. Vous devenez leur esclave. Lorsque mes angoisses étaient devenues insupportables, je me suis dit à un moment donné: « Ça suffit. Je ne vais quand même pas laisser mes propres pensées me faire croire que je ne suis pas capable de faire ce que je veux, et les laisser diriger ma vie ?! C'est mon corps, ma tête, et c'est moi qui décide! ». Qu'à cela ne tienne, je me suis dit qu'il était préférable que je choisisse volontairement d'avoir des pensées négatives. Moi, et personne d'autre. Et c'est ainsi que j'ai pu reprendre le contrôle de mes pensées, et par extension, le contrôle de ma vie. En d'autres termes, il semble préférable de se créer soi-même et volontairement son problème si l'on souhaite en reprendre le contrôle plutôt que de le subir.

Être soulagé le moment venu: Vous est-il déjà arrivé de vous dire « J'imaginais tellement pire! Finalement, ce n'est pas si terrible... ! » ou une phrase qui s'en rapproche ?
C'est exactement pour cette raison que cette technique est intéressante. En laissant libre cours à votre imagination, et en poussant même les scénarios catastrophes au maximum, une partie de vous se prépare à affronter le pire. Le moment venu, elle peut alors être soulagée de constater que ce n'était finalement pas si difficile.
Vous savez très certainement que la probabilité que ce que vous

avez imaginé devienne réalité est faible mais partons du principe que cela soit possible. Le fait d'avoir imaginé le pire scénario vous permettra d'être préparé à cette situation et vous pourrez dans cette éventualité être en mesure de pouvoir mieux réagir le moment venu puisque vous aurez pris le temps de l'anticiper.

Aller au bout de la peur: Comme nous l'avons déjà vu dans un chapitre précédent, nombreuses sont les personnes qui ne savent pas exactement de quoi elles ont peur. Elles s'arrêtent à une peur de surface et ne cherchent pas à aller plus loin dans l'exploration de celle-ci. Comme si elles restaient paralysées devant une porte parce qu'elles ont peur de ce qu'il pourrait y avoir derrière, mais en aucuns cas n'ont-elles eu l'idée de l'ouvrir pour s'en faire une idée plus précise. C'est pourquoi je pense que ce qui nous fait principalement peur, c'est la peur de l'inconnu. On associe alors l'inconnu à un danger mortel, et notre corps réagit comme si tel était le cas. Pourtant, dans bien des situations, l'on s'aperçoit que le risque de périr est faible, voire quasiment nul. On ne meurt pas d'une simple piqûre, d'une critique, d'un rougissement, de faire une erreur, ou de parler en public.
Aller au bout de la peur, en imaginant « le pire du pire », c'est mettre de la lumière sur une zone d'obscurité et ainsi permettre à cette ombre de se dissiper. L'inconnu devient alors connu, et ainsi la peur peut disparaître. C'est un peu comme si vous leviez un voile et que vous vous aperceviez que ce qui se cache derrière n'est pas si terrible que ce que vous imaginiez. Léon Blum concluerait que « l'homme libre est celui qui n'a pas peur d'aller jusqu'au bout de sa pensée. »

Trouver des solutions: en nous laissant aller au jeu des pires scénarios, cela nous pousse également à trouver des solutions. L'on s'aperçoit que même si ce n'est pas toujours simple, il y a tout de même une issue à nos difficultés, une solution de secours que nous allons pouvoir mettre en place pour mieux gérer la situation. Le fait de savoir qu'il y a une voire plusieurs solutions a un effet apaisant.

****

EXERCICES PRATIQUES

• Observer ses pensées

Commencez par observer vos pensées. Y a-t-il des pensées que vous essayez de repousser ? Si c'est le cas, prenez le temps d'analyser ce qu'il se passe. Est-ce que la tentative de suppression fonctionne ? Ou au contraire, est-ce que ces pensées deviennent encore plus présentes ? Est-ce que les tentatives de distraction fonctionnent, ou est-ce que ces pensées finissent par revenir?

Dans le cas où les tentatives de distraction et de suppression ne fonctionnent pas, il devient donc primordial de changer de stratégies en ne fuyant plus ces pensées. Lorsqu'une pensée désagréable vous traverse, commencez par observer cette pensée, au lieu de détourner votre attention de celle-ci. Ensuite faites exactement comme Giorgio Nardone le suggère à ses patients: imaginez volontairement les pires scénarios tous les jours, et ce, pendant 30 min.

• Imaginer le pire du pire

Prenez une situation qui vous angoisse actuellement puis posez-vous les questions suivantes :

1) Que pourrait-il vous arriver de pire ? Laissez votre imagination créer le pire scénario possible (qui reste néanmoins réaliste), sans résister. L'idée est de descendre jusqu'au pire du pire.

Par exemple si vous avez peur de parler en public, vous avez peut-être peur de bafouiller. Qu'y aurait-il encore de pire ? Peut-être que des personnes de l'assistance pourraient se moquer de vous. C'est sûr qu'il n'y aurait rien d'agréable là-dedans mais que pourrait-il vous arriver de pire encore ? Peut-être que votre patron se trouve dans le public et décide de vous licencier. Ah, voilà, là vous êtes probablement sur le pire du pire.

2) Que se passerait-il si le pire du pire arrivait ? Allez-vous pouvoir vous en remettre ? Dans notre exemple, que se passerait-il si vous vous faisiez critiquer ? Ou si vous perdiez

réellement votre travail ? Certes, dans les deux cas, votre ego sera piqué... mais allez-vous en mourir ? Ne pourriez-vous pas trouver un autre travail ? Pouvez-vous réduire vos dépenses ? Une personne de votre entourage pourrait-elle vous aider ?

3) Honnêtement, quelles sont les probabilités qu'un scénario comme celui-là vous arrive réellement ? Sont-elles élevées ? Avez-vous déjà vécu une expérience similaire ? Ou en avez-vous déjà été témoin ? Avez-vous déjà vu quelqu'un sur scène bafouiller ? Est-ce qu'il s'est fait critiquer et virer pour autant ?
4) Que pouvez-vous faire pour empêcher ce scénario de se produire ? N'y aurait-il pas un moyen de vous préparer ?
5) Et si le pire scénario se produisait réellement, pensez-vous pouvoir vous en remettre ? Acceptez alors la possibilité que cela puisse effectivement se produire, en vous disant que ce serait okay si jamais cela devrait être le cas.

• Quand la pensée positive ne fonctionne pas

L'on vante souvent les bienfaits de la pensée positive. Toutefois, comme pour les distractions, il arrive parfois que vouloir entretenir des pensées positives soit précisément ce qui aggrave le problème. En effet, dans certains cas, il arrive parfois que nous ne nous sentions pas vraiment mieux alors que nous tentons d'être positif. Dans ces cas-là, si cela ne fonctionne pas, c'est tout simplement que vous êtes dans un déni et une fuite de la réalité. Par exemple, se dire « j'ai confiance en moi » alors que vous savez au plus profond de vous même que ce n'est pas le cas, c'est se mentir à soi-même. Vos émotions ne sont alors pas en accord avec vos pensées. Pour que la pensée positive soit efficace, il est important qu'elle soit congruente avec vos ressentis.

C'est pourquoi dans un premier temps, je vous invite à observer vos pensées et à vérifier qu'elles soient bien en accord avec vos ressentis. Si c'est le cas, alors continuez de garder ses pensées. Par contre, si ce n'est pas le cas et que vous ressentez la moindre gêne à l'intérieur de vous, il devient important de nuancer vos pensées.

Par exemple, supposons que vous venez de vivre une situation qui a provoqué une émotion négative, comme une dispute avec votre conjoint parce qu'il ne fait aucun effort pour vous aider dans les tâches ménagères. Notez alors par écrit vos pensées. Cela vous permettra de bien vous concentrer et d'être plus facilement attentif à vos ressentis (avec le temps et après avoir fait cet exercice plusieurs fois, vous pourrez simplement passer en revue vos pensées mentalement.)

Cela pourrait donner quelque chose comme:

Il fait tout pour me rendre la vie difficile. Il n'est pas du tout responsable. Il ne pense pas à moi. Il ne m'aime pas. etc

Maintenant, l'objectif est de trouver des pensées qui vous permettent de vous sentir mieux. Vous allez noter d'autres pensées qui vous viennent par rapport à ce sujet là, en prenant le temps de les évaluer afin de déterminer si elles vous aident à vous sentir mieux, si vous êtes toujours dans le même état ou s'il est pire qu'avant.

Je ne devrais pas avoir besoin de passer derrière lui (même état). Il ne tient jamais compte de mes besoins (pire qu'avant). Je ne me sens pas soutenue (pire qu'avant). Il ne fait aucun effort (même état). Avoir une maison propre est important pour moi (légèrement mieux). Il n'y a rien de mal à vouloir que la maison soit propre (pire). Je sais qu'il y a plus important dans la vie qu'avoir une maison propre (bien mieux). Je sais qu'il est fatigué (mieux). Moi aussi je suis fatiguée (pire). Il y a pleins de choses que j'aime chez lui (mieux).

Cet exercice est tiré du livre « *Créateurs d'avant garde* », de Jerry et Esther Hicks. Les auteurs nous expliquent qu'il n'y a pas de bonnes ou mauvaises réponses puisqu'il n'y a que vous qui pourrez savoir si ces pensées suscitent de meilleurs ressentis ou pas. « L'intérêt de ce processus » soulignent-t-ils, « est qu'il vous amènera à prendre conscience des sentiments nés de vos pensées et à développer votre aptitude à choisir des pensées donnant lieu à de meilleurs sentiments. »

Pour reprendre l'exemple de la confiance cité au dessus, se dire

« actuellement je n'ai pas confiance en moi, mais de mieux en mieux je vais pouvoir apprendre à le devenir » serait peut-être plus agréable et acceptable. Puis progressivement, vous pourrez plus facilement croire que vous avez confiance en vous.

• Quand imaginer les pires scénarios ne fonctionne pas

Vous imaginez les pires scénarios mais vous ne vous sentez pas mieux? C'est que vous êtes très certainement encore en train de résister à vos pensées, en les jugeant probablement comme étant négatives. Ne jugez pas les pensées qui viennent, aussi terribles et insultantes puissent-elles vous paraître. Il ne doit y avoir aucunes censures au cours de la pratique de cet exercice. Laissez-les venir comme elles sont, observez-les sans chercher à les contrôler. Accueillez-les avec bienveillance. Vous n'êtes pas vos pensées et elles ne sont ni bonnes, ni mauvaises. Ce sont juste des pensées.

Et si elles ne sont ni bonnes ni mauvaises, pourquoi ne pourriez-vous pas les aimer et prendre plaisir à les avoir?

8.
LES ÉMOTIONS

« Il valait mieux souffrir mais connaître des émotions fortes et se sentir vivant, plutôt que ne jamais rien ressentir, ni joie ni peine, ni la moindre émotion. »
Thomas Raphaël

De la même manière que vouloir supprimer une pensée augmente l'occurrence de celle-ci, vouloir apaiser la peur accentue son intensité. Peut-être avez-vous déjà essayé de vous calmer en vous concentrant sur votre respiration. Cela marche quelques fois peut-être et apaise un peu sur le moment. Mais la peur finit toujours par revenir. Et elle revient encore plus forte, comme pour vous signifier que vous ne vous débarrasserez pas d'elle aussi facilement.

Dans son livre *Dépasser les limites de la peur*, Giorgio Nardone explique que paradoxalement c'est la tentative de contrôle excessive qui fait perdre le contrôle. À trop vouloir contrôler ses réactions physiques et émotionnelles, nous les empirons.

Lorsque j'étais moi-même en proie aux peurs, ce phénomène

m'a longuement intrigué: Comment cela se fait-il que notre corps fasse l'inverse de ce que nous lui demandons ?

LE RÔLE DE NOS ÉMOTIONS

Je pense qu'il est tout d'abord primordial de comprendre que nos émotions ne sont pas là pour rien. Essentiellement, toutes nos réactions émotives sont là pour nous aider à nous adapter à chaque situation de notre vie. C'est un peu comme un système de guidage très sophistiqué qui nous amène à notre principale destination: la satisfaction de nos besoins.

Avant toute chose, prenons le temps de définir ce qu'est un besoin. Selon le Larousse, le besoin est une « exigence née d'un sentiment de manque, de privation de quelque chose qui est nécessaire à la vie organique. » Le psychologue Abraham Maslow a classé les besoins humains dans le monde du travail par ordre d'importance en 5 niveaux :

1) Besoin physiologique (faim, soif, survie, sexualité, repos, habitat)
2) Besoin de sécurité (se sentir en sécurité, faire confiance)
3) Besoin d'appartenance (être aimé, écouté, compris, estime des autres, faire partie d'un groupe, avoir un statut)
4) Besoin d'estime (sentiment d'être utile et d'avoir de la valeur, conserver son identité)
5) Besoin de s'accomplir (développer ses connaissances, ses valeurs).

Cette hiérarchie est souvent représentée sous la forme d'une pyramide, plus connue sous le nom de « la pyramide de Maslow ». Pourtant, on ne retrouve aucunes trace de cette représentation dans ces travaux, mais cette dernière s'est imposée dans le domaine de la psychologie du travail.

Ces besoins constituent la base des motivations des individus. Selon Maslow, il faut commencer par garantir les besoins de base (physiologiques et de sécurité) pour pouvoir ensuite travailler sur les besoins sociaux et psychologiques. Selon l'auteur, il est vain de répondre au besoin supérieur si celui qui est inférieur n'est pas traité. Néanmoins, cela ne signifie pas pour autant qu'un besoin ne peut être satisfait si le précédent ne l'est pas totalement. Cela signifie juste que le besoin précédent redevient prioritaire. Un individu peut, suivant son caractère, être plus sensible à un besoin particulier, indépendamment de la satisfaction ou non des besoins inférieurs. Dans tous les cas, les besoins renvoient à des manques qui nuisent au bien-être en général.

Le problème, c'est que nous avons en général plus facilement conscience de nos envies que de nos besoins, au point de les confondre. Par exemple: « J'ai besoin de manger » est différent de « j'ai envie de manger des gâteaux au chocolat. » Le premier est un besoin physiologique, le second est le besoin de plaisir. Selon le Larousse, une envie est le "désir d'avoir ou de faire quelque chose" mais il la définit également comme étant « un besoin organique soudain de quelque chose » (comme lorsqu'on est pris d'une envie soudaine de vomir). C'est pourquoi, une envie peut être un moyen de combler un besoin tout comme il peut être une illusion de le combler.

La confusion entre les deux nous poussent à céder à l'envie sans voir le besoin, et donc sans le satisfaire. Ainsi, nos besoins, quand ils sont insuffisamment comblés, génèrent des émotions relativement désagréables comme de la colère, de la tristesse, de la peur ou du stress, tandis que lorsqu'ils sont satisfaits, nous ressentons une sérénité et une tranquillité intérieure.

De ce fait, nos émotions nous indiquent à chaque moment dans quelle mesure nos besoins sont satisfaits ou insatisfaits, en nous montrant à quel point une situation ou un événement nous convient vraiment. Plus l'émotion est vive, et plus cela signifie que quelque chose est important pour nous. Par conséquent, chaque émotion ou sentiment nous donne une indication précise à propos de notre équilibre intérieur et est porteur d'un message particulier.

Prenons l'exemple de la peur. Celle-ci nous indique qu'il y a un danger potentiel, et le corps déclenche alors un ensemble de réactions physiques pour nous permettre d'y faire face le plus efficacement possible (besoin de sécurité). Quant au stress, il cherche à nous signaler qu'il y a quelque chose d'important pour nous: vous stressez lorsque vous êtes face à une personne qui vous plaît, lors d'un examen, ou d'un entretien professionnel... en d'autres termes, à chaque fois qu'il y a un enjeu, ou quelque chose que vous voulez vraiment (besoin d'estime, d'appartenance, ou de s'accomplir).

L'autre problème, c'est que nous avons cette fâcheuse tendance à vouloir contrôler et à empêcher nos émotions de se manifester. En particulier, ce sont les émotions dites « négatives » comme la tristesse, la peur, ou la colère que nous tentons de fuir. Car comme nous l'avons vu plus tôt, l'être humain cherche à éviter toute souffrance dans la mesure du possible.

Pourtant, les émotions douloureuses sont inévitables, elles font partie intégrantes de notre existence humaine. Toutes les émotions, sans exceptions, sont importantes à vivre. L'être humain est capable d'éprouver toute une gamme d'émotion. S'interdire une émotion reviendrait à renier et rejeter notre humanité. Or, nous sommes des êtres humains et nous devons nous donner la permission de l'être. En nous interdisant d'éprouver des sensations désagréables, nous limitons notre capacité à être heureux. Être heureux ne signifie pas ressentir continuellement des émotions positives, mais s'autoriser à vivre toutes les émotions.

Tal Ben-shahar, spécialiste de la psychologie positive, explique que les personnes qui aspirent à vivre continuellement des sentiments positifs, comme si leurs vies affectives devaient être une sorte d'extase perpétuelle, en refusant systématiquement les émotions négatives, sont souvent, de part leurs attentes irréalistes, les plus malheureuses. À l'inverse, les personnes qui acceptent que les émotions négatives sont inévitables et qu'elles sont des éléments naturels de la vie, et qui pour cette raison, s'autorisent à ressentir toute la gamme des émotions humaines, sont bien plus épanouies dans leur vie.

La capacité de ressentir de la peur, de la colère, de la tristesse et d'autres émotions douloureuses est signe d'une bonne santé psychique. Car si vous ne ressentez plus ces émotions, cela signifie soit que vous êtes un psychopathe, soit que vous êtes mort!

Il n'y a absolument rien de mal à se sentir fatigué, être en colère, ou encore à ne pas être toujours au top de sa forme. Cela prouve juste notre humanité. Nous apprenons très jeune à refouler nos émotions car il faut « être fort », et ne pas se montrer vulnérable.

On nous inculque qu'« un garçon, ça ne pleure pas », que « ça ne sert à rien d'être en colère ou d'avoir peur », et qu'il ne faut pas non plus trop afficher son bonheur aux autres afin de ne pas paraître condescendant. L'enfant que nous étions grandit alors pensant que ces émotions ne sont pas importantes, valides et fiables. Il doute de ses propres jugements, et commence à avoir une mauvaise estime de lui-même. Et il apprend à rejeter certaines émotions, persuadé qu'elles sont mauvaises. Ainsi, en pensant que c'est mal de ressentir ce qu'il ressent (malgré le fait qu'il le ressente), il en arrive à penser qu'il y a quelque chose qui ne va pas chez lui.

Alors, dès qu'elles se manifestent, il tente bien souvent de les étouffer, de les contourner, de les chasser ou de les apaiser. En agissant ainsi, il fuit la réalité. Et la réalité, c'est qu'il a tout à fait le droit de ressentir ce qu'il ressent, car ses émotions et ses besoins sont importants. Avoir ses émotions constamment invalidées engendre inévitablement de l'anxiété et un manque de confiance.

Étouffer ses émotions revient à dire à son corps : « je ne veux pas entendre ce que tu as à me dire ». Le corps n'a alors pour seule solution que de renvoyer le message et les émotions plus fortement pour se faire entendre et vous pousser à ne plus renier la vérité. Et plus il vous les renvoie, et plus vous allez tenter de les étouffer à nouveau...

NE PAS OPPOSER LA FORCE À LA FORCE

Parfois, il y a des discussions où chacun tente de crier plus fort que l'autre. Mais personne ne s'écoute vraiment. Non seulement ces échanges ne sont pas vraiment productifs, mais pire encore, ils ont même vite tendance à dégénérer. Alors qu'à la base nous voulions juste communiquer une information, ou faire une remarque, nous nous retrouvons à nous disputer avec notre interlocuteur, parfois même sans comprendre comment nous en sommes arrivés là.

On essaye souvent de régler une dispute en balançant des arguments pour écraser l'autre, tel un match de boxe. Pourtant, il existe une méthode bien plus élégante, qui consiste à ne pas opposer la force à la force. À titre d'exemple, vous pourriez tout simplement dire *« oui, et... »* au lieu de répondre *« oui, mais... »* à votre interlocuteur. Le mot *« mais »* annule tout ce qui a été dit avant, et crée bien souvent une résistance chez l'autre. À l'inverse, employer le mot *« et »* permet de maintenir un rapport de sympathie, de faire partager à l'autre votre point de vue sans pour autant s'opposer à ses opinions.

C'est ce stratagème qui est utilisé dans les arts martiaux comme l'Aïkido ou le Taï-chi. Le combattant ne s'oppose pas à l'attaque de son adversaire mais au contraire va dans le sens de celle-ci, en s'adaptant et capturant l'énergie pour la transformer. Il ne s'agit pas de triompher d'elle, mais de la guider pour la diriger dans une nouvelle direction..

C'est également ce même principe qu'a également utilisé Yu le Grand il y a plus de 4000 ans. Yu le Grand est présenté selon les écrits retrouvés comme le ministre du roi Shun, souverain chinois. Son royaume était régulièrement menacé par les crues et les inondations. Ses prédécesseurs avaient ordonné de construire des digues et des levées toujours de plus en plus imposantes. Mais celles-ci s'effondrèrent plusieurs fois, entraînant même la mort de plusieurs personnes. Instruit par les échecs antérieurs, Yu décida alors d'adopter une nouvelle stratégie. Il creusa de profondes tranchées et des canaux autour de la ville pour diriger les eaux vers la mer, un travail qui durera treize ans. Lorsque la crue arriva, les eaux s'écoulèrent le long des canaux sans rien détruire. Non seulement il résolut le problème d'inondation, mais il tira parti des débordements fluviaux en inventant un système d'irrigation, ainsi que des moulins à eau pour broyer riz et autres céréales. Il transforma ainsi une force naturelle destructrice en une force constructive et bénéfique. Ses exploits lui valurent le respect de la population qui l'honora du nom de « Yu le Grand ».

Bien trop souvent, nous tentons de résister à nos émotions perçues comme négatives, en tentant de lutter contre elles. C'est pourquoi les stratégies consistant à vouloir faire diminuer le stress ou la peur sont vaines et contre-productives et ce, d'autant plus qu'étouffer une émotion peut potentiellement être à l'origine de troubles comme les maladies psychosomatiques. Non seulement le stress est encore présent, mais s'ajoute à cela la fatigue d'avoir lutté contre celui-ci. Car, « tout ce à quoi l'on résiste persiste » disait Carl Jung.

Mais il rajoute également que « tout ce que l'on embrasse s'efface. » Quant à l'écrivain et conférencier Alan Watts, il explique : « lorsque vous vous autorisez à avoir peur et que vous ne résistez plus à l'expérience de la peur, vous maîtrisez véritablement la peur. Mais lorsque vous refusez d'avoir peur, vous résistez à la peur. Et attaquer la peur c'est la renforcer. »

Imaginez que vos émotions soient comme des vagues. Si vous tentez de lutter contre une vague de l'océan, vous risquez de finir noyé ! Se laisser conduire par le courant, voire surfer sur une vague – même et surtout si elle est violente – augmente les chances de survie.

Alors pourquoi vouloir lutter contre nos émotions, si elles sont porteuses d'un message important pour notre bien-être? Pourquoi ne pas simplement prendre le temps de les observer et d'écouter le message qu'elles peuvent avoir à nous transmettre?

Ne pas écouter ses émotions, c'est un peu comme si il y avait un gros Saint-Bernard qui vous fonçait dessus. Forcément, face à la bête imposante, vous allez intuitivement vouloir déguerpir le plus rapidement possible. Alors notre bon saint-bernard, comme n'importe quel chien, va vous pourchasser pour tenter de vous délivrer son message. Naturellement, le voyant galoper vers vous à toute vitesse, vous accélérez encore plus la cadence. Tellement focalisé par la bête, vous tombez dans un trou. Mais si vous vous étiez arrêté plus tôt, vous auriez découvert dans le tonnelet du chien un papier portant le message suivant « arrête de courir, il y a un trou juste devant ! ». Le chien ne vous voulait pas de mal, mais simplement vous prévenir d'un danger. Cette métaphore tirée du livre *Hypnose Humaniste* d'Olivier Lockert, s'applique très bien à nos émotions.

Notre corps nous envoie des ressentis, des impressions, des sensations, des émotions, et on ne sait pas toujours où il veut nous emmener, ou quel message il veut nous faire passer. La bonne nouvelle, c'est que nous n'avons pas besoin réellement de comprendre le message, il suffit d'être soigneusement attentif aux émotions, de les accueillir, et de les accepter pour ce qu'elles sont : un message du corps. Il s'agit donc de prêter attention à ce qui se passe en vous. D'observer, et d'écouter vraiment. Un peu comme si vous pouviez plonger au cœur de cette sensation et aller au-delà du message habituel qu'elle cherche à vous transmettre. De la même manière que vous pourriez le faire avec un ami qui traverse un moment pénible par exemple. Cela donne même parfois l'impression de plonger en lui, de voir au-delà des apparences, au delà de ce qu'il cherche à nous montrer ou nous dire, au delà des mots, et des comportements. On le comprend, on le voit vraiment. Même si on ne saurait pas vraiment y mettre des mots dessus.

Le simple fait de tendre l'oreille, d'être à l'écoute, et d'être curieux de ce qui se passe en nous peut déjà apaiser quelque chose à l'intérieur car cette partie de nous-même qui a un message à nous faire passer peut enfin se sentir entendue et respectée. Comme si par notre simple écoute, on pouvait lui dire qu'on accepte que son message passe, qu'on reconnaît sa présence, et qu'on comprend sa douleur. On est simplement là avec elle. On ne cherche pas à changer quoi que ce soit, juste à accueillir l'émotion en nous.

Accepter l'émotion présente, en la nommant et en la vivant, en identifiant les sensations et pensées qui l'accompagnent, et en s'autorisant à la ressentir, c'est être dans le moment présent. Prendre le temps d'écouter nos émotions, nos ressentis, c'est renouer avec notre corps, nous-même, et notre humanité.

ACCEPTER LA PEUR EN L'AUGMENTANT

Pour résumer, essayer de se calmer en tentant de faire diminuer le stress ou la peur est aussi contre-productif que de souffler sur les flammes d'un feu pour essayer de l'éteindre. C'est pourquoi, si l'on souhaite diminuer l'intensité du stress, il est plus pertinent de chercher à l'augmenter (oui, oui vous avez bien lu).

Au premier abord, l'on pourrait croire que cela va venir aggraver le problème. Augmenter le stress va à l'encontre du bon sens. Pourtant, une fois comprise, cette stratégie nous paraît évidente et logique : si le fait d'essayer de diminuer le stress vient l'augmenter … il faut faire l'inverse tout simplement, à savoir augmenter le stress, pour qu'il diminue.

Trop souvent, les personnes souffrant de la peur s'enferment dans un schéma donné parce qu'elles ne savent pas faire autrement. Comme nous l'avons vu au tout début de ce livre, elles continuent de répéter des stratégies qui empirent leur symptôme tout en ayant conscience que ces dernières ne sont pas efficaces. Si vous faites toujours la même chose vous obtiendrez toujours la même chose. Voilà pourquoi si vous souhaitez avoir d'autres résultats et obtenir d'autres réactions vous allez devoir changer de stratégie et faire quelque chose de différent.

Par exemple, si vous foncez toujours dans un mur, vous allez sans cesse vous le prendre en pleine face. À moins que vous ne décidiez de simplement changer de direction. Plus elle sera opposée, et moins il y a de risques que vous ne vous repreniez le mur.

L'effet de surprise provoqué par le fait de faire quelque chose de différent, d'irrationnel, de ridicule voire même d'un peu fou, constitue l'une des meilleures façons de briser un cercle vicieux et donc, de se libérer de l'emprise de la peur.

Giorgio Nardone précise qu' « étant un phénomène irrationnel, la peur, pour être traitée avec succès exige une intervention thérapeutique qui en reproduise la structure ». Il faut donc faire quelque chose d'irrationnel pour la traiter. Nous avons déjà vu que comprendre un problème, en utilisant la rationalisation ou la connaissance, ne permet pas toujours de le résoudre.

L'utilisation de protocole stratégique paradoxal en thérapie est à la base de la pratique de Giorgio Nardone. Toujours dans son livre « *Dépasser les limites de la peur* », il décrit comment il a prescrit à cette dame qui avait peur d'avoir peur que nous avons présenté dans le chapitre précédent, de s'enfermer dans sa chambre pour s'efforcer de se sentir mal jusqu'à produire volontairement une crise d'angoisse. Cette dame avait alors constaté par elle-même qu'elle n'avait pas réussi à se créer de crise. Ayant noté qu'en voulant provoquer volontairement une crise, la peur décroissait, elle avait ensuite appliqué cette méthode à toutes les autres situations où surgissaient la peur pour découvrir qu'elle était capable de la gérer.

Un homme, à qui j'avais conseillé cette technique lors de notre première rencontre, commença notre deuxième consultation en me confiant qu'il était un peu en colère contre moi. Inquiète, je lui ai demandé de me préciser les raisons de ces ressentis qu'il éprouvait à mon égard. Il m'expliqua qu'il avait bien testé cette technique après que je lui l'ai conseillé, et qu'il avait été agacé qu'elle ait marché car il ne pensait pas que quelque chose d'aussi étrange puisse fonctionner. Il espérait, en la testant, me prouver qu'il avait raison et que j'avais tort, mais avait été forcé d'admettre qu'elle avait été incroyablement efficace. Il n'y avait donc aucune animosité envers moi, nous en avons même plaisanté ensuite, et après l'avoir félicité de ces progrès, nous avons travaillé ensemble afin de faire en sorte que les changements se consolident.

C'est ce qui rend cette technique si ingénieuse : en réalité, elle ne fonctionne pas, car nous sommes incapables de ressentir consciemment des émotions sur demande. Faites-en vous-même l'expérience en essayant de stresser le plus intensément possible là maintenant. Vous découvrirez alors très certainement que vous n'y arrivez pas.

J'aime bien dire qu'utiliser cette méthode, c'est comme faire un coup de bluff, tel qu'on le ferait au poker. Plus on va renchérir, et plus on augmente la probabilité que notre corps se « couche ». Autrement dit, que notre corps apaise nos émotions afin de retrouver un équilibre interne.

Néanmoins, soyons honnêtes, il est en effet possible de ressentir la peur s'accentuer. Lorsque j'utilisais cette technique, j'avais l'impression d'une bulle de savon qui gonflait de plus en plus à l'intérieur de moi... et qui soudain disparaissait en laissant derrière elle un étrange vide agréable. Augmenter son stress permet en quelques sortes de le traverser et de le décharger d'un coup, au lieu qu'il s'accumule durant des heures. Il m'était d'ailleurs impossible de réaugmenter à nouveau le stress par la suite car je l'avais entièrement déchargé sur le moment.

Ce qui m'a le plus impressionnée dans cet exercice, c'est la rapidité avec laquelle les ressentis désagréables se dissolvent. Son action est quasi immédiate car en l'espace de quelques secondes, je ne ressentais plus de gênes. Étant discrète et simple à mettre en place car il suffit simplement de se concentrer sur l'émotion et d'en accroître l'intensité, cette astuce peut être utilisée dans n'importe quelle situation, les yeux ouverts ou fermés, en marchant ou en s'arrêtant. Il n'est donc pas nécessaire de s'isoler pour la pratiquer.

Je dirais que je n'ai rencontré que deux difficultés dans la mise en pratique de cette technique. La première était tout simplement d'oser la tester une première fois car, comme beaucoup, j'étais terrorisée à l'idée qu'elle puisse empirer mon problème. La deuxième était de réussir à penser à utiliser cette astuce en situation et de ne pas céder à la panique. En situation de crise, mes idées me semblaient totalement embrouillées au point d'en être paralysée. J'oubliais alors sur le moment que je connaissais une astuce, celle-ci ne me revenait qu'une fois la crise passée. Alors, pour résoudre ce problème, lorsque je savais qu'une situation stressante m'attendait, je me répétais mentalement avant l'événement donné : « dès que je ressentirai du stress je devrais penser à l'augmenter », puis je m'imaginais ensuite en train de le faire.

J'ai également constaté que le cerveau apprend très vite à anticiper ce que l'on cherche à faire, à tel point que, très rapidement, je n'avais même plus besoin d'intensifier mes émotions car mon corps les avaient déjà diminué voire même ne les avaient pas envoyé.

L'étude de Allyson K. Friedman et al. (2014) semble confirmer qu'augmenter le stress permettrait de lutter contre la dépression. Dans son expérience, la chercheuse et son équipe avait soumis des souris pendant 10 jours à un stress constant en les plaçant dans une cage avec un rival agressif. Dans ces circonstances, certaines des souris avaient développé des symptômes similaires à la dépression : elles évitaient le contact social, et perdaient en motivation et en appétit. Tandis que d'autres souris n'ont montré aucuns de ces signes-là.

Les chercheurs se sont alors aperçus que ces différences dépendaient d'une région bien précise du cerveau appelée l'aire tegmentale ventrale (ATV). Cette aire est constituée de neurones qui produisent de la dopamine, qui est un neurotransmetteur qui influe directement sur le comportement, et en particulier sur la motivation. L'ATV fait partie de ce qu'on appelle le système de récompense, et est directement impliquée dans des pathologies comme la dépendance et certains troubles psychiatriques.

Lorsque les neurones dopaminergiques sont hyper-actifs, les souris présentent un risque plus élevé de développer des signes de dépression. Le courant d'ions positifs de ces neurones chez les souris dépressives était alors anormalement élevé (ces courants vont normalement de pair avec une dépression engendrée par le stress). Cependant, alors que Friedman s'attendait à ce que ce courant soit moins important chez les souris résilientes, la scientifique a constaté à sa plus grande surprise qu'il était en réalité encore plus élevé chez celles-ci.

Les chercheurs se sont alors demandés si augmenter les courants d'ions positifs chez les souris souffrant de symptômes dépressifs pourraient leur permettre de devenir plus résiliente au stress. Ils ont alors été très surpris d'observer qu'en augmentant artificiellement le stress des souris, ils avaient pu totalement inverser les symptômes dépressifs de celles-ci en seulement 5 jours.

Curieusement, quand le courant a atteint un certain seuil, il a déclenché un mécanisme compensatoire dans les neurones. Les décharges neuronales se sont alors normalisées, les souris sont devenues plus résilientes au stress. Leurs symptômes dépressifs ont diminué. Elles devenaient plus sociables et ont retrouvé rapidement leur appétit.

Ces résultats, méritants encore d'être approfondis et testés sur les être humains, apportent sans conteste un éclairage nouveau sur la manière dont notre cerveau peut devenir résilient et pourraient conduire à de nouveaux traitements contre la dépression, en promouvant une méthode naturelle de résilience.

Dans mon cas, je reste convaincue que c'est précisément le fait d'accroître l'intensité de la peur qui m'aura permis de me libérer de son emprise. Oser l'augmenter, c'est à mon sens la plus belle forme d'acceptation. En agissant de la sorte, on lui prouve que l'on reconnaît sa présence, ainsi que son importance, et on lui donne l'autorisation de s'exprimer. De ce fait, on lui permet de jouer son rôle et de se dissiper.

****

EXERCICES PRATIQUES

• Vos besoins sont-ils comblés?

Reprenez la « pyramide » de Maslow qui classe les besoins en catégories, présentée au début de ce chapitre. Puis, répondez aux questions suivantes pour chaque besoin:

- Sur une échelle de 1 à 10, où évaluez-vous votre degré de satisfaction dans chaque catégorie de besoins?
- Comment pouvez-vous travailler à satisfaire davantage ce besoin ?
- Qu'avez-vous besoin d'apprendre, de développer pour mieux combler ce besoin?
- Que pouvez-vous mettre en œuvre pour progresser dans l'échelle (pour passer de 7 à 8 par exemple)?

• Observer ce qui se passe à l'intérieur de soi

Pour cela, installez-vous confortablement et veillez à ne pas être déranger. Fermez les yeux (vous pouvez les garder ouverts si vous préférez). Prenez quelques inspirations et commencez à détendre votre corps. Puis, pensez à l'objet de votre peur, et laissez venir la ou les émotion(s) sans les juger.

De la même manière que nous l'avons décrit pour les pensées, si vous ne vous sentez pas mieux en faisant cet exercice, c'est que vous êtes probablement en train de leur résister. Observez-les comme si c'étaient celles de quelqu'un d'autre. Ne cherchez pas à les fuir, ou à les chasser. Bien qu'elles soient désagréables, autorisez-vous à les ressentir et laissez-les se manifester en vous.

• Augmenter le stress

C'est la continuité de l'exercice juste au-dessus. Localisez la sensation (souvent dans l'estomac), mettez-y toute votre attention dessus et dès lors qu'elle se manifeste, cherchez à en augmenter l'intensité.

Par exemple, certaines personnes ont souvent l'impression d'avoir une boule dans l'estomac lorsqu'ils sont en proie au stress ou la peur. Imaginez alors cette boule avec le plus de détails possibles : sa taille, sa couleur, son poids, etc. Puis imaginez qu'elle grossit.

Si vous n'avez pas d'images qui vous viennent, imaginez simplement que la sensation de stress ou de peur s'intensifie, de la même manière que vous vous y prendriez pour augmenter le volume d'une musique.

Faites un jeu de cet exercice en essayant d'augmenter le stress le plus possible, ou encore en essayant de stresser le plus de fois dans une journée. Rappelez-vous que ce ne sont que des émotions, qui comme les pensées, ne sont ni bonnes ni mauvaises, et qu'elles ne vous définissent pas en tant que personne.

9.
LE PERFECTIONNISME

« L'orgueil qui cache nos imperfections est un topique empoisonné qui recouvre une plaie. »
Nicolas Massias

Vouloir être perfectionniste, ambitieux, rigoureux, minutieux, et exigeant envers soi-même nous incite à vouloir donner le meilleur de nous même. Toutefois, cette quête de perfection présente également un aspect néfaste et peut devenir un véritable obstacle à notre épanouissement.

Tal Ben-Shahar, enseignant en psychologie positive à Harvard, distingue deux types de perfectionnisme: le positif et le négatif. Il garde l'emploi du mot perfectionniste lorsque ce dernier est négatif et utilise le mot optimaliste pour décrire le perfectionnisme positif. Ben-Shahar précise que la différence essentielle entre perfectionniste et optimaliste est que le premier refuse principalement la réalité, tandis que le deuxième l'accepte.

Le perfectionnisme devient problématique lorsqu'il ne correspond pas à la recherche de l'excellence, mais à la recherche de l'inatteignable, de l'inaccessible. Le perfectionniste voudrait que le chemin menant à ses objectifs soit droit et dépourvu d'obstacles, il aimerait être constamment dans des émotions positives et refuse les émotions négatives, il est très exigeant envers lui-même, il refuse l'échec mais aussi la réussite et en cela n'est jamais satisfait, il refuse la réalité en prétendant que ni l'échec ni les émotions douloureuses n'existent et que les objectifs inatteignables qu'il se fixe restent tout de même à sa portée. En plus d'engendrer une éternelle insatisfaction, ce déni de la réalité provoque une culpabilité accrue et un stress important.

Selon les chercheurs canadiens en psychologie Paul Hewitt et Gordon Flett, le perfectionnisme est l'un des traits de personnalité qui rend moins apte à composer avec le stress et rend très vulnérable. En plus de 20 ans de recherche, ces chercheurs ont observé que les perfectionnistes sont sous un stress constant qui les rend plus sujets à des problèmes émotionnels, physiques et relationnels incluant la dépression, les troubles alimentaires, le syndrome de douleur chronique, les conflits conjugaux et même le suicide.

De leurs côtés, les optimalistes savent que le chemin les menant à leurs objectifs sera sinueux et qu'ils devront probablement faire des détours, ils acceptent que l'échec fasse partie intégrante de ce même parcours, ils sont plus indulgents envers eux-mêmes, ils acceptent que les émotions négatives sont inévitables, ils tirent des leçons des difficultés qu'ils rencontrent dans leurs vies, ils font des projets tout aussi ambitieux que les perfectionnistes, mais ils se fixent des objectifs réalistes et ancrés dans la réalité, aussi éprouvent-ils davantage de facilité à savourer leur réussite. En outre, l'optimaliste accepte ce que la vie lui offre et en tire le meilleur parti.

Cette quête de la perfection est selon moi « la maladie du siècle » dont souffrent de plus en plus de personnes. Malheureusement, les nombreuses exigences sociétales auxquelles nous sommes soumis ne nous aident pas vraiment dans notre recherche d'épanouissement. Nous vivons à l'heure actuelle dans une société

qui repose sur la performance, l'efficacité et la productivité. On attend de nous que nous soyons parfaits, et ce, dans tous les domaines de vie: que ce soit professionnel (= être un bon employé), familial (= être un bon conjoint/parent/enfant), ou personnel (= être toujours en forme). Et cela commence dès notre entrée dans le milieu scolaire où la réussite est exigée, et où les erreurs sont très mal perçues.
De par mes observations, les injonctions paradoxales auxquelles nous sommes régulièrement confrontées posent également de gros problèmes : il faut aller travailler, mais il faut passer plus de temps avec sa famille; il faut prendre le temps de manger à midi mais il faut vite reprendre le travail; il faut penser à soi, mais il faut s'occuper des autres avant tout; il faut arrêter de stresser mais il faut travailler plus... « il faut », toujours des « il faut »... !

Je ne pense pas qu'il soit humainement possible de répondre à toutes ses attentes: nous ne sommes pas des machines ou des dieux. À vouloir tout gérer et contrôler, le corps finit naturellement par s'épuiser. Puis l'épuisement émotionnel ne tarde pas à venir...

Il n'y a qu'à voir les statistiques concernant le syndrome d'épuisement professionnel, plus connu sous l'appellation anglaise « burn-out ». Bien qu'il soit encore aujourd'hui difficile d'appréhender cette maladie car elle n'est pas encore reconnue comme une pathologie, selon une étude de la CFDT (Confédération française démocratique du travail) publiée en mars 2017, 36% des français, soit une personne sur trois, a déjà fait un burn-out au cours de sa carrière, et 69% des personnes interrogées jugent qu'on leur « fixe plutôt des objectifs intenables ». Ces chiffres alarmants nous montrent que cette quête de perfection est un problème bien plus vaste.
Trop de personnes ont malheureusement tendance à mettre toute leur attention sur ce qui ne va pas, et dévalorisent tout ce qu'elles ont accompli. Elles se culpabilisent, et éprouvent tant de difficultés à poser un regard bienveillant sur elles-mêmes.

Et si nous arrêtions de courir après un idéal qui nous a bien souvent été imposé par la société ? Si nous arrêtions de nous mettre autant la pression? Et si, à la place, on se foutait un peu la paix, comme Fabrice Midal, fondateur de l'École occidentale de méditation, nous invite si bien à le faire ? Et si on apprenait à être imparfait, et à prendre du plaisir à l'être?

SOYONS IMPARFAITS

Tôt ou tard, vous allez faire des erreurs, même si vous faites tout pour l'éviter, et ce, que vous le vouliez ou non. Vous allez prendre des mauvaises décisions, certaines sans grandes conséquences et d'autres plus importantes; vous allez louper des opportunités; certains jours vous n'aurez pas la forme; vous allez blesser les personnes que vous aimez (il suffit d'un mot ou d'une phrase pour cela); vous allez avoir des obstacles à surmonter; vous ne serez pas ce père ou cette mère « parfaite » que vous souhaitez tant devenir... Car parvenir à la perfection reviendrait à pouvoir tout contrôler, tout gérer, tout savoir, tout comprendre ou tout anticiper.

Or, sans nos imperfections, comment pourrions-nous savoir ce que nous voulons ? Quel serait l'intérêt de vivre si tout était déjà parfait ? Comment pourrions-nous apprendre et évoluer ? Bon nombre de nos plus grandes découvertes scientifiques sont nées d'un oubli ou d'une erreur. Nous pourrions citer la découverte de l'Amérique par Christophe Collomb alors qu'il cherchait à rallier la Chine et le Japon; ou encore l'invention de la tarte tatin qui résulte de la maladresse d'une des sœurs Tatin qui, ayant oublié de mettre la pâte feuilletée dans le fond de son plat, décida de la rajouter sur le dessus.

En plus d'être inévitable, l'échec est un aspect essentiel de notre évolution. C'est en babillant qu'on apprend à parler, c'est en tombant qu'on apprend à marcher, c'est en gribouillant qu'on apprend à écrire, c'est en loupant le panier de basket qu'on apprend à mieux viser. Comme le dit Tal-Shahar, « si on n'apprend pas à échouer, on échoue à apprendre ».

Chercher à être parfait, c'est avant tout chercher par ce biais à se faire accepter et apprécier des autres. C'est donc la peur d'être rejeté, ou d'être abandonné qui est souvent à l'origine de cette quête de perfection. Nous sommes des êtres sociaux. Comme nous l'avons plus tôt dans cet ouvrage grâce à la pyramide des besoins d'Abraham Maslow, l'appartenance à un groupe est vital. Le rejet est une expérience si terrible que nous sommes prêts à tout pour ne pas y être exposés. « Si je fais une erreur, l'autre ne m'aimera plus » nous disons-nous. Cela me semble pourtant bien loin de la réalité! Non, ce n'est pas parce que vous avez eu un jour une mauvaise note à l'école ou que vous avez redoublé qu'on ne vous aimera plus. Ce n'est pas parce que vous n'avez pas eu votre permis du premier coup, qu'on ne vous aimera plus. Ce n'est pas parce que vous n'avez pas eu ce travail que vous convoitiez qu'on ne vous aimera plus. Ce n'est pas parce que vous êtes au chômage qu'on ne vous aimera plus. Ce n'est pas parce que vous vous êtes fait licencier qu'on ne vous aimera plus. Ce n'est pas parce que vous divorcez qu'on ne vous aimera plus. Ce n'est pas parce que vous avez peur qu'on ne vous aimera plus.

Nous passons énormément de temps à chercher validation auprès de l'autre, sans cesse préoccupé par ce qu'il pourrait penser. On s'analyse, s'auto-critique et accorde trop d'importance à l'image que les autres ont de nous.

Arrêtons un peu d'être aussi exigeant envers nous-même et envers les autres, et acceptons enfin nos imperfections.

ACCEPTER SES IMPERFECTIONS

Lorsque j'ai ouvert mon cabinet, j'avais tellement peur de mal faire. J'étais jeune, je n'avais pas beaucoup d'expériences, et je devais aider des personnes en souffrance. Les personnes s'attendent souvent à changer en une séance avec l'hypnose, même si vous leur expliquez qu'il n'y a pourtant rien de miraculeux. J'ai très rapidement senti que la pression de réussir commençait tout doucement à m'envahir. D'autant plus qu'il arrive souvent qu'on me dise « vous êtes mon dernier espoir…! ». J'avais en plus cette idée qu'il fallait que je sois toujours en forme, que je n'avais pas le droit d'être mal, fatiguée, ou agacée lorsque je faisais des consultations. J'ai donc vécu des périodes très difficiles à essayer d'être parfaite.

Jusqu'au moment où cela était devenu vraiment difficile à gérer. Je sentais que je perdais pied. C'est à ce moment-là que j'ai commencé à accepter l'idée que je ne pourrais pas aider tout le monde, que je ne suis pas forcément la bonne thérapeute pour tout le monde, qu'il y a des problématiques que je maîtrise moins bien que d'autres et des problématiques qui dépassent totalement mes compétences, et que je ne pourrais jamais avoir toutes les connaissances du monde. En d'autres termes, j'ai commencé à définir et à reconnaître mes limites. Seulement à ce moment là ai-je senti la pression redescendre et ai-je pu commencer à être plus sereine. J'ai également constaté que j'avais de meilleurs résultats dans ma pratique.

Régulièrement il m'arrive d'avoir ces périodes difficiles où j'ai l'impression d'être « nulle » parce que je ne réussis pas aussi bien que ce que j'aimerais. Alors régulièrement, je dois réapprendre à accepter et à assumer mes imperfections.

Peut-être rencontrez-vous vous aussi des difficultés à accepter vos imperfections. Peut-être avez-vous passé toute votre vie, ou au moins une bonne partie, a essayé de les gommer voire même de les dissimuler le plus possible. Et peut-être même en avez-vous honte. Et lorsque les autres vous assurent que vous n'avez pas de raison d'être complexé par tel ou telle chose, et tentent tant bien que mal de vous rassurer, cela vient davantage renforcer l'image négative que vous aviez déjà de vous-même. Certains se disent même parfois: « Je fais tellement pitié qu'il dit ça pour me faire plaisir », et finissent par culpabiliser de complexer. Voilà pourquoi vous êtes coincé dans ce cercle vicieux des croyances erronées : quoiqu'on vous dise ou quoiqu'on fasse, cela viendra toujours consolider ce que vous pensez de vous.

Et si « nos imperfections »,« nos faiblesses » servaient justement de socle à la construction de notre bonheur intérieur? Plutôt que de fuir la souffrance ou de refuser nos limites, pourquoi ne pas transformer notre négatif en positif?

Le kintsugi, qui signifie littéralement « Jointure d’Or », est un art japonais datant du 15ème siècle qui consiste à réparer des porcelaines ou céramiques brisées au moyen de laque saupoudrée de poudre d'or, pour donner ainsi une nouvelle vie à l'objet. La casse d'une céramique ne signifie plus sa fin mais un renouveau, le début d'un autre cycle et une continuité dans son utilisation. Il ne s'agit donc pas de cacher les réparations, mais de mettre celles-ci en avant. Et si on faisait de même avec nos propres blessures ?

Citons comme exemple Winnie Harlow, cette canadienne atteinte de vitiligo, une maladie causant une dépigmentation de peau, devenue mannequin et qui utilise sa notoriété pour défendre une beauté atypique contre les diktats de la mode. Dans la même idée, de nombreuses célébrités féminines se sont montrées sans maquillage pour lutter contre cette image de femmes-toujours-séduisantes qu'elles doivent entretenir.

Paradoxalement, dès lors que nous assumons nos défauts, les autres nous affirment que cela n'en est pas un. Ils tentent bien souvent de nous consoler, et se confient même sur leurs propres difficultés. En montrant notre difficulté, en l'affichant clairement (et encore mieux, fièrement) les autres l'acceptent plus facilement, jusqu'à même ne plus la voir. C'est ainsi que nous pouvons transformer nos faiblesses en une force. Comme le dit Giorgio Nardone, « la fragilité expressément déclarée cesse d'être telle et devient un point fort ». Car tout ceci n'est encore qu'une question de perception: nos défauts peuvent être des qualités ou nos plus grands atouts et inversement.

Mais, assumer ses imperfections, c'est aussi, et avant tout se responsabiliser.

PRENDRE SES RESPONSABILITÉS

Voilà quelque chose qui va être certainement difficile pour vous à intégrer et à digérer : vous êtes responsable de vos problèmes. Quels qu'ils soient. Vous êtes responsable à 100% de votre vie. Pas à 50%. Ni même à 99%. Mais bien à 100%. Vous avez la vie que vous avez choisi d'avoir. Je sais que la pilule peut être dure à avaler...

Il est bien souvent beaucoup plus simple de rejeter la faute sur les autres plutôt que d'endosser ses responsabilités. On se trouve alors des excuses, plutôt que de prendre la décision de passer à l'action pour changer notre situation. En réalité, ce n'est pas la faute de la société ou de la « crise » si vous avez des problèmes d'argent. Ce sera toujours la crise ! Ce n'est pas la faute de la génétique si vous êtes en surpoids. Bien que cela puisse en effet vous prédisposer à prendre plus facilement du poids, vous avez mangé cette part de gâteau, ou ces carrés de chocolat. Vous et personne d'autre. Ce n'est pas uniquement la faute de votre conjoint(e), si vous avez des problèmes de couple. Vous avez obligatoirement votre part de responsabilité. Ce n'est pas non plus parce que vos parents étaient anxieux ou à cause de votre patron que vous êtes stressé, mais parce que vous avez laissé votre environnement créer cette réaction-là chez vous. C'est pourquoi vous êtes responsable de vos peurs et de les avoir créées, même si cela n'était pas volontaire et conscient. Vous êtes également responsable de les avoir entretenues et de les avoir laissées prendre le dessus dans votre vie.

Certains se disent alors « oui, mais moi j'ai pas choisi de me faire agresser dans la rue », (ou tout autre événement de cet ordre-là). Vous avez raison, vous n'êtes pas *coupable*. Mais vous êtes tout de même responsable d'avoir été ce jour-ci, à ce moment précis, dans cette rue précise. Vous auriez pu prendre un autre chemin, mais vous avez choisi celui-là. Vous êtes donc responsable des choix qui vous ont mené à cette situation. Évidemment, on ne contrôle pas toujours ce qui survient. Mais on contrôle toujours le regard que l'on porte sur ce qui nous arrive, et surtout, la manière dont on y réagit. Nous faisons tout le temps des choix, que nous le voulions ou non, consciemment ou non. Et prendre ses responsabilités, c'est accepter de se dire que l'on n'a peut-être pas agi de la bonne façon dans une situation donnée. C'est parfois difficile de se l'avouer, et de se remettre en question. Mais une fois ce travail fait, on peut alors tirer parti de nos erreurs pour avancer vers un avenir meilleur.

Dans son livre, Zéro Limite, Joe vitale nous présente la méthode Hawaïenne Ho'oponopono dans laquelle la notion de responsabilisation est encore plus poussée. Il s'intéresse au Dr Ihaleakala Hew Len qui a utilisé cette méthode pour guérir les personnes d'un hôpital psychiatrique dans lequel étaient enfermés de dangereux criminels, et ce sans même les rencontrer. « Comment est-ce possible ? », vous dites-vous certainement.

C'est précisément cette question qui a poussé Joe Vitale à vouloir rencontrer ce fameux médecin. À cette question, le Dr Hew Len répondit « j'ai simplement nettoyé la partie de moi que j'avais en commun avec eux ». Il poursuit en expliquant que nous sommes responsables de tout ce qu'il y a dans notre vie. Absolument tout. Ce qui veut dire que le monde entier est notre propre création. Ce qui inclut donc les guerres, les terroristes, les problèmes économiques, et toutes les expériences difficiles que vous avez vécues et que vous allez vivre. Absolument tout.

Dr Hew Len explique que tout ce qu'il se passe à l'extérieur de nous n'est qu'un reflet de notre intérieur. Par conséquent, dans n'importe quelle situation qu'il juge désagréable, le Docteur se demande « qu'est ce qui se passe en moi qui a pu causer ce problème ? » et procède ensuite à se changer lui-même, ou se « nettoyer » comme il le dit si souvent, afin de changer l'extérieur. Son travail consiste juste à « faire le ménage à l'intérieur de lui-même » et en même temps qu'il se nettoie, le monde aussi devient « plus propre ».

En résumé, la notion de responsabilisation dans la méthode Ho'Oponopono va au-delà de ce que vous faites ou dites et inclut ce que les autres disent, font et pensent et ce qui se produit dans votre vie. En prenant votre responsabilité cela devient votre problème, et seulement ainsi pourrez-vous le résoudre.

Rejeter la faute sur les autres ou se culpabiliser, c'est se positionner en tant que victime. Ainsi, nous subissons, devenons impuissant et perdons alors toute maîtrise de la situation. Se responsabiliser, c'est reprendre le contrôle en devenant acteur au lieu de subir les circonstances. En anglais, *to be responsable*, se traduit littéralement par la « capacité à répondre » (*response* : répondre – *able* : capacité).

Une fois la responsabilité de votre problème prise, il ne vous reste ensuite plus qu'une seule étape pour être libre: vous pardonner.

LE PARDON

Alors que Nelson Mandela participe à la lutte non violente contre les lois de l'Apartheid, il est arrêté par la police sud-africaine, puis est condamné à la prison et aux travaux forcés à perpétuité. Après avoir passé vingt-sept ans en prison, il en sort sans exprimer aucune rancœur ni volonté de vengeance. À l'inverse, il par-

donne ces mêmes personnes qui lui ont fait perdre un quart de siècle de sa vie. Il savait « que l'oppresseur doit être libéré tout comme l'opprimé. Un homme qui prive un autre homme de sa liberté est prisonnier de sa haine, il est enfermé derrière les barreaux de ses préjugés (...) Quand j'ai franchi les portes de la prison, telle était ma mission: libérer à la fois l'opprimé et l'oppresseur. »
Il comprenait que s'il n'acceptait pas de laisser son amertume et sa haine dans ce qui fut sa prison, il ne serait jamais en capacité d'avancer et d'aider son pays tant aimé. Il explique à Anthony Robbins, qui l'a interviewé en 1990, peu après sa sortie de prison, avoir eu vingt sept ans pour se préparer à pardonner si jamais sa libération devait un jour avoir lieu.

Il reçut quelques années plus tard le prix Nobel de la Paix et devint ensuite le président de la république de l'Afrique du Sud.
Nelson Mandela a compris fondamentalement que le pardon n'est pas simplement un cadeau que nous offrons aux autres, mais un cadeau que nous nous faisons à nous-même.

Agressivité, colère, voire haine sont utiles dans un premier temps. C'est le signe que nous ne sommes pas dans le déni. La colère est une émotion saine qui nous est donnée pour que nous soyons capables de défendre notre intégrité. Vouloir pardonner trop rapidement en brûlant les étapes, c'est comme vouloir recoudre une plaie infectée. Elle finira par développer du pus. Il faut prendre le temps nécessaire pour pardonner, en commençant tout d'abord par reconnaître et ne pas brusquer ce qui se passe en nous.

J'entends souvent des personnes dire « je ne pourrais jamais pardonner ce qu'il m'a fait. » Vous aviez confiance en quelqu'un et vous vous êtes senti trahi, trompé et déçu…et vous avez le droit de ne pas réussir à pardonner immédiatement.

Cependant, la colère peut déclencher un véritable processus d'auto-destruction, tel un poison, si elle n'est pas libérée et exprimée. Comme nous dit Nelson Mandela, « la rancœur, c'est boire un poison en espérant qu'il tue vos ennemis ». En acceptant le fait qu'il ressentait bel et bien de la rancœur, de l'amertume, de la colère et qu'il avait envie de se venger, il a pu, en se l'avouant, réfléchir et agir de manière raisonnée en se comportant avec bienveillance envers ses bourreaux.

Pardonner ne veut pas dire oublier, et ne signifie pas forcément que vous devez vous réconcilier avec la personne en question. Pardonner, c'est accepter la faillibilité de l'autre, tout comme la votre. Pardonner c'est avant tout un pardon à soi même, afin de ne plus se faire de mal. Car garder la rancœur que vous avez à l'égard de cette personne reviendrait à vous attacher vous-même un boulet à votre pied, tout en préférant rendre une autre personne responsable. Ne pas vouloir pardonner, c'est comme planifier sa propre souffrance. Comme dirait Oscar Wilde « Pardonner. c'est délivrer un prisonnier et découvrir que le prisonnier, c'était vous ».

Imaginez maintenant si le pardon que vous accordez aux autres, vous vous l'accordiez à vous-même. Ne pensez-vous pas que cela pourrait vous aider à avancer plus sereinement dans votre vie?
Personnellement, je sais que j'étais extrêmement en colère contre moi-même. Je m'en voulais tellement de ne pas être capable de faire comme tout le monde. Pourquoi des activités anodines comme aller chez le coiffeur me demandaient toujours de fournir un effort considérable, alors que les autres semblaient les faire tellement facilement et naturellement ? Je me demandais pourquoi les étudiants de maîtrise en psychologie étaient en mesure d'effectuer les démarches pour trouver un stage alors que j'en étais complètement incapable ? Comment se faisait-il que les autres soient à l'aise dans une conversation alors que, de mon côté, les sujets de conversation ne semblaient pas venir et les mots ne pas pouvoir sortir ? Et la seule réponse plausible qui me venait c'est que je devais forcément être stupide.

Je culpabilisais de ne pas être comme tout le monde. J'étais en colère contre moi, parce que j'avais tellement envie d'être différente. Mais je n'y arrivais pas. J'étais toujours aussi maladroite, et je n'arrivais pas à me libérer des mes peurs et des mes comportements. Je me dévalorisais, me rabaissais sans cesse, je ne me supportais plus. Je me culpabilisais à la moindre opportunité, et tout était prétexte à cela.

Puis un jour, j'ai décidé d'être plus bienveillante envers moi-même. Dans un premier temps, j'ai d'abord commencé par accepter mon corps avec ces 15kg en trop, en me promettant de mieux le respecter par la suite. J'ai alors entrepris de manger plus sainement en mangeant des aliments au plus proche de la nature – finis les gâteaux, et autres produits dénaturés, et bonjour les fruits, et les légumes – puis à redynamiser mon corps en me remettant au sport.

Dans un deuxième temps, j'ai ensuite prêté attention à mes pensées. Et il était grand temps que je revienne y mettre de l'ordre : c'était l'anarchie là-bas dedans ! N'est-ce pas curieux que nous soyons aussi dur envers nous-même ? Personnellement, je me disais des choses que je n'oserai même pas dire à mon pire ennemi. Tellement de pensées humiliantes, dégradantes et dévalorisantes... Ce n'était pas une tâche aisée, et cela m'a demandé de fournir un effort quasiment constant sur plusieurs jours.

Mais soudain, je l'ai senti : je commençais à mieux m'apprécier. J'apprenais à me traiter et à me considérer comme quelqu'un que j'apprécie. J'étais plus compatissante envers moi-même. J'ai accepté mes défauts, mes limites, mes imperfections. J'ai accepté le fait que je ne pouvais pas toujours contrôler mes émotions et mes réactions. J'ai arrêté d'être aussi exigeante et de vouloir être parfaite. Et je me suis pardonnée de ne pas être parfaite.

La chose la plus étrange est alors arrivée. Plus j'acceptais que je ne contrôlais rien, plus je regagnais en contrôle sur moi. Plus j'acceptais mes limites, plus je sentais que je pouvais les repousser. Plus je me pardonnais, plus je me sentais forte. Vulnérable, mais forte en même temps. Et, plus je me sentais évoluer.
Je pense que se pardonner est une étape cruciale dans tout changement – peut-être même qu'elle en est l'origine.

Se pardonner, c'est réapprendre à s'aimer. Et comme le dit l'auteur Éric Martel, « libérer l'âme du ressentiment est le premier pas vers la guérison ».

****

EXERCICES PRATIQUES

• Définir ses limites

Vous est-il déjà arrivé d'accepter d'effectuer une tâche alors que vous ne vous sentiez pas de la faire, ou parce que vous n'avez tout simplement pas su dire non? Peut-être était-ce dans le cadre de votre travail avec votre patron ou un collègue, ou peut-être avec un membre de votre famille ou un ami? Cela peut parfois être stimulant d'accepter de faire des choses nouvelles, mais s'il vous arrive de regretter d'avoir dit « oui » juste parce que vous n'avez pas osé refuser la demande, c'est que vous n'avez pas pris le temps de définir correctement vos limites. Nos peurs sont souvent à l'origine de cette difficulté à dire non: peur de blesser, de décevoir, de faire de la peine, d'être jugé, ou encore d'être rejeté... À vouloir toujours répondre favorablement aux besoins et aux demandes de tout le monde, vous négligez et vous ne respectez pas ce qui est important pour vous et, à terme, vous risquez l'épuisement à la fois physique et mental.

Nous avons tous nos traits de caractère, nos valeurs, nos forces, et nos faiblesses. Ce qui peut vous paraître simple peut sembler extrêmement difficile à une autre personne, et inversement. Ces différences sont tout à fait normales.

Prendre le temps de reconnaître nos difficultés, d'établir nos limites, en définissant ce qui est acceptable pour nous et ce qui ne l'est pas, c'est apprendre à mieux se connaître en étant à l'écoute de ses besoins, tout en apprenant à mieux se faire respecter par les autres. C'est apprendre à s'affirmer et ne pas se laisser influencer par les exigences d'autrui. Pour cela, vous pouvez par exemple faire une liste de vos qualités et vos défauts, vos forces et vos faiblesses, ce que vous acceptez et n'acceptez pas de faire ou qu'on vous dise,...etc en essayant d'être le plus précis possible. Vous pouvez également essayer de vous souvenir toutes les choses que vous avez accepté de faire alors que vous auriez préféré les refuser, et vous promettre que si l'on vous refait une demande similaire, vous répondrez par la négative.

• Assumer ses peurs

Peu importe la peur que vous avez en ce moment, elle est là. C'est un fait. Un des meilleurs conseils que je puisse vous donner afin de ne plus être déstabilisé par celle-ci, c'est de l'assumer pleinement en l'affichant. Voyons ensemble quelques exemples pour mieux comprendre comment s'y prendre concrètement:

- Vous avez peur de conduire ? Dites-le clairement à votre entourage.
- Vous êtes timide ? Avouez-le à la personne en face de qui vous vous trouvez.
- Vous n'êtes pas à l'aise dans une situation ? Dites-le.
- Vous avez peur de rougir ? Prévenez votre interlocuteur.
- Vous avez peur de parler en public ? Commencez votre présentation orale par quelque chose comme « bonjour à tous, je dois vous avouer ne pas du tout être à l'aise à l'oral, il est possible que mes phrases ne soient pas toujours cohérentes ou que je bafouille à certains moments ». Vous ne faites que dire la vérité !

En quelques sortes, il s'agit de prendre les devants en annonçant clairement la difficulté que vous rencontrez en ce moment à votre interlocuteur. Assumer pleinement ces peurs, c'est être honnête envers soi-même et envers les autres. Ainsi, vous n'avez pas à en avoir honte, et encore moins à vous en excuser car cela sous-entendrait qu'il y aurait quelque chose à justifier. Vous seriez alors en train de vous dévaloriser, en vous excusant de ne pas être parfait. Assumer ses peurs, c'est les respecter et les faire respecter par les autres.

Attention, il ne s'agit pas pour autant de se faire passer pour un grand malade ou une victime.

• S'autoriser à ressentir la colère

Cette étape s'avère essentielle pour pouvoir pardonner une personne ou se pardonner soi-même. Prenez le temps de ressentir la colère, de la même manière que nous l'avons conseillé dans le chapitre sur les émotions: en fermant les yeux, et en laissant venir les émotions et les pensées qui lui sont rattachées, sans jugements.

Certaines personnes peuvent également ressentir le besoin d'exprimer leur colère. Voici quelques astuces qui peuvent être utilisées à cet effet:

- parler en face à face à la personne qui vous a fait du mal (sans pour autant être violent), ou en imagination.
- vous parler à vous-même devant un miroir ou en imagination
- écrire,
- faire du sport,
- créer une œuvre artistique (un tableau, une musique...)
- parler à quelqu'un en qui vous avez confiance ou à un thérapeute

Une fois la colère reconnue, ressentie, exprimée et acceptée, vous pourrez passer à l'étape suivante.

• Apprendre à pardonner

Dès lors qu'une chose nous agace, c'est qu'il y a quelque chose à pardonner. Gary Renard dans son livre « *Et l'univers disparaîtra* » nous invite à pardonner « les choses apparemment petites que l'on rencontre en chemin » car cela rendra la pratique du pardon de plus en plus facile.Voyons quelques exemples:

- Une personne n'avance pas assez vite sur la route? Pardonnez-lui, puis pardonnez-vous d'avoir été agacé.
- Une personne vous a fait une remarque qui vous a touché? Pardonnez-lui, puis pardonnez-vous d'avoir été blessé.
- Vous n'avez pas été aussi productif que ce que vous auriez aimé? Pardonnez-vous.
- Une personne n'a pas fait exactement ce que vous attendiez? Pardonnez-lui et pardonnez-vous.

Comme vous le voyez, il est essentiel de finir par se pardonner soi-même si l'on souhaite véritablement se libérer de toute rancœur. Une fois que vous sentez que vous êtes à l'aise avec le fait de pardonner ces petites choses, commencez alors par pardonner les choses qui semblent plus importantes comme par exemple:

- pardonner une personne qui vous a blessé et vous pardonner ensuite d'avoir été blessé.
- pardonner la partie de vous qui a peur.

Vous allez peut-être avoir besoin de vous y reprendre à plusieurs reprise pour pardonner correctement. « Il en est ainsi pour les plus dures leçons de l'existence » nous dit Gary Renard. Si vous repensez des mois plus tard à la souffrance que vous aviez ressenti, si vous ressentez encore la moindre gêne des mois voire des années plus tard, c'est qu'il y a encore de nouvelles parties à pardonner. « Le secret » poursuit Gary Renard, « c'est de ne jamais abandonner. Cela semblera parfois impossible [de pardonner], mais ce ne l'est pas. C'est faisable et ça en vaut amplement la peine. »

• Comment pardonner

Si vous vous demandez maintenant comment faire en pratique pour pardonner, voici une méthode que j'utilise personnellement. Peut-être la trouverez-vous utile vous aussi:

- Concentrez-vous sur la notion d'amour. Pensez à une personne qui vous est chère, et ce que vous ressentez quand vous pensez à elle. Imaginez par exemple une douce lumière qui vient envelopper votre corps, et ressentez l'amour circuler en vous. Si vous éprouvez des difficultés à visualiser, concentrez-vous simplement sur la notion d'amour, et les sensations que vous pouvez ressentir.
- Si vous souhaitez vous pardonner: laissez-la circuler en vous le plus longtemps possible en imaginant qu'elle vient nettoyer toute les sensations ou pensées désagréables que vous pourriez avoir en vous.
- Si vous souhaitez pardonner autrui: dirigez-la ensuite en imagination vers la personne concernée. Pensez ensuite à la diriger de nouveau vers vous.

10.
LE CORPS

« Il faut entretenir la vigueur du corps
pour conserver celle de l'esprit. »
Luc de Clapiers

Le temps où la médecine traditionnelle pouvait négliger, par manque de preuves et d'outils, le rôle du « mental » dans la survenue des maladies du corps, ou dans leur guérison, semble révolu. Ces dernières années, en particulier grâce aux progrès des technologies médicales, de nombreuses études ont mis en évidence les interconnexions qui semblent se jouer entre le corps et l'esprit et l'on tend à se diriger vers une prise en charge plus globale des patients en s'intéressant tout autant à leurs symptômes corporels qu'à leurs fonctionnements mentaux.

Nous pourrions par exemple citer dans un premier temps les maladies psychosomatiques. Une maladie est dite psychosomatique lorsqu'aucune cause organique n'a été trouvée, bien que le patient présente réellement des symptômes physiques. Nos états mentaux, et en particulier le stress, et la dépression lorsqu'ils sont perçus et ressentis négativement, peuvent altérer la fonction de nos organes jusqu'à créer de véritables maladies.

L'effet placebo ou encore les cas des guérisons miraculeuses nous montrent l'action que peuvent avoir nos pensées et nos croyances sur notre corps. Dans la même idée, de nombreuses approches thérapeutiques dites non-conventionnelles ou alternatives tel que l'hypnose ou la pratique de la méditation ont démontré leur efficacité et ont eu le mérite de mettre en avant le pouvoir de la pensée sur le corps.

Également, notre expérience quotidienne nous offre la preuve de la relation constante qui s'établit entre nos pensées, nos croyances, les émotions suscitées par celles-ci et les réactions de notre corps.

Par exemple, si vous imaginez que vous devez parler devant une assemblée de 500 personnes la semaine prochaine, votre corps va réagir comme si cet événement du futur se déroulait dans le présent : votre cœur va s'accélérer, vous allez peut-être même commencer à transpirer, et à ressentir déjà le stress. Les fantasmes sexuels illustrent également l'influence que nos pensées peuvent avoir sur notre corps. Plus vous allez penser à un de vos fantasmes et plus votre corps va se préparer peu à peu à une expérience sexuelle réelle. Notre cerveau ne fait pas la différence entre l'événement se manifestant dans la réalité et celui que nous entretenons mentalement.

Déjà dans les années 1930, Edmund Jacobson, médecin américain, étudia le lien entre l'imagination et les mouvements subtils des muscles. Il avait développé un appareil, l'électro-neurogramme ou électroneuromyomètre, pour mesurer les tensions électriques musculaires qui lui a permis de révéler la présence d'une impulsion électrique vers les muscles lorsqu'une personne utilisait la visualisation. Cependant, elle était souvent trop faible pour mettre en œuvre le mouvement, mais suffisante pour activer le schéma nerveux.

En d'autres termes, les zones moteurs du cerveau agissaient de la même manière, que le geste soit réel ou simplement imaginé. Dans le second cas, une inhibition empêchait les muscles de suivre les instructions des neurones. Depuis, cette thèse a été confirmée par une multitude de recherches sur l'activité cérébrale, impliquant l'IRM ou d'autres techniques.

C'est pour cette raison que la visualisation est tant utilisée en milieu sportif. Il semblerait même que les sportifs de très haut niveau ont d'excellentes compétences à visualiser leurs performances en compétition. Ils ont une meilleure capacité à activer des scénarios positifs dans leur tête et savent qu'il est tout autant important d'entraîner leur esprit que leur corps.

Dans un autre registre, les observations partagées par Dr Maxwell Maltz dans son livre psycho-cybernetique soulignent également comment le corps et l'esprit sont intriqués. Ce chirurgien plasticien américain a constaté qu'en transformant une caractéristique physique d'une personne, il pouvait également transformer l'image que la personne pouvait avoir d'elle-même et ainsi changer l'état émotionnel qui lui était associée. Il explique qu'en changeant le visage d'une personne, on change également l'image interne qu'elle a d'elle même et donc potentiellement sa personnalité, ses comportements, et parfois même ses talents et ses compétences.
Inversement, il a également constaté que, parfois, malgré une opération esthétique, le patient ne se sentait pas mieux pour autant et se comportait toujours comme s'il avait toujours ce défaut physique. Dans certains cas, ce n'étaient pas les traits physiques qu'il fallait changer chez le patient mais l'image interne qu'il avait de lui-même. Si cette image pouvait être modifiée, le patient pouvait changer sans même qu'il y ait besoin de passer par la case opération.

Nous arrivons à accepter l'idée que nos pensées influent sur notre corps mais nous oublions plus facilement que le corps peut également influencer notre état émotionnel. Grâce à l'étroite connexion qui les relie, en travaillant sur l'un, on travaille sur l'autre. Si vous êtes bien dans votre tête vous vous sentirez mieux dans votre corps et inversement.
Selon ces considérations, il m'apparaît évident de prendre soin de notre corps si l'on souhaite être plus serein dans notre quotidien. Pour cela, il y a cinq piliers qui me paraissent importants et que je souhaiterai aborder dans ce livre brièvement : le sport, l'alimenta-

tion, le sommeil, la respiration et la posture.

LE SPORT

Je ne pense pas vous apprendre quelque chose en vous affirmant que le sport est un de vos meilleurs alliés pour être plus serein au quotidien, c'est pourquoi je ne vais pas trop m'attarder sur le sujet. On ne compte plus le nombre d'études scientifiques qui ont démontré les bienfaits du sport sur notre santé. Les endorphines, ces hormones calmantes, produites lors d'un effort agissent comme un véritable antidépresseur et laissent au repos une sensation de plénitude. Grâce au sport, vous habituez votre corps à décharger les hormones du stress. C'est ensuite une fatigue saine qui s'installe, pouvant permettre de réguler votre sommeil (et donc d'en avoir une meilleur qualité), et par conséquent d'être plus énergique dès le lendemain.

Un autre avantage de pratiquer une activité physique c'est qu'elle nécessite un minimum de concentration. Ainsi, cela permet un moment d'évasion qui nous aide à nous « changer les idées », et à nous déconnecter de nos tracas du quotidien. Enfin, dans le cadre d'une activité physique pratiquée en groupe, cela permet de voir du monde et de tisser des liens affectifs qui contribuent également à évacuer les tensions.

Il n'est pas nécessaire d'avoir une pratique intensive pour en ressentir les bienfaits. La régularité est plus importante. Il semblerait que 30 minutes par jour suffisent pour se maintenir en forme, même si ce n'est que de la marche. Pas besoin d'être un grand sportif dans l'âme donc.

Le sport que vous choisissez de pratiquer importe peu. Je ne peux que vous conseiller d'en choisir que vous appréciez car il est vrai qu'au tout début cela va vous demander de faire appel à votre volonté pour être régulier. Alors autant faire quelque chose que vous appréciez réellement, pour que le sport ne soit pas vécu comme une corvée mais un véritable plaisir.

Pratiquer un sport permet de renouer avec son corps et de réapprendre à l'apprécier. En vous sentant mieux dans votre corps, il y a fort à parier que vous vous sentiez mieux dans votre vie.

L’ALIMENTATION

Pour disposer d’une bonne santé et d’une bonne condition physique, il est essentiel de soigner son alimentation. C'est la première des médecines. Le problème c'est que les médecins ne sont pas toujours d'accord sur le régime alimentaire qu'il faudrait adopter. Chacun y va de son avis et de son interprétation, et on ne sait pas toujours qui croire ou écouter. Bien qu'il y ait tous ces désaccords par rapport à l'alimentation, il semblerait qu'il soit communément admis que manger sain, c'est avant tout une question d’équilibre et de variété, afin de répondre à vos besoins nutritionnels, mais aussi à vos goûts. Il s'agit de consommer de tout en quantité raisonnable, tout en limitant les produits néfastes pour l’organisme.

Les produits néfastes sont ceux qui ont été trop dénaturés et retravaillés, comme les gâteaux par exemple. Le plus simple est selon moi d'adopter une alimentation qui soit au plus proche de la nature, et donc riche en eau. Sachant que la quantité moyenne d'eau contenue dans un organisme adulte est de 65 % environ, il paraît donc logique de privilégier les aliments à haute teneur hydrique comme les légumes et les fruits et de boire beaucoup d'eau. Les boissons sucrées du type soda sont bien évidemment à éviter en trop grande quantité.

Je ne suis pas nutritionniste, je ne suis donc pas la mieux placée pour vous conseiller sur le sujet. Par contre, ce dont je suis à peu près sûre, c'est que la seule personne que vous devriez écouter c'est vous-même, et plus particulièrement votre corps. Votre corps sait bien mieux que vous ce qu'il faut que vous mangiez.

À ce sujet, il m'est arrivé une expérience assez intéressante il y a quelques temps. Alors que je traversais une période d'insomnie, j'ai soudain été prise d'une forte envie de manger... une soupe à l'oignon ! Entre nous, je n'ai rien contre la soupe à l'oignon, mais ce n'est pas non plus un plat dont je raffole habituellement. J'ai alors décidé d’écouter mon envie et de m'en préparer un bol.

Une fois terminé, j'ai constaté très rapidement que je me sentais fatiguée et j'ai dû lutter pour ne pas m'endormir. Je me suis donc autorisée à me coucher plus tôt que d'habitude...et j'ai dormi comme un bébé ! Au réveil, je me suis alors demandée s'il pouvait y avoir lien entre ce sommeil retrouvé et l'oignon. J'ai effectué quelques recherches rapides sur internet au cours desquelles j'appris que l'oignon facilite effectivement l'endormissement. Bien que je ne le sache pas consciemment, mon corps avait d'une manière ou d'une autre intégré que cet ingrédient pourrait m'être utile dans cette situation. Tout ce que j'ai eu à faire c'était de suivre mon envie, aussi curieuse m'était-elle apparue. Je pense donc il est tout d'abord essentiel de faire confiance et d'être à l'écoute de son corps.

C'est pourquoi, selon moi, la meilleure alimentation est celle qui nous est propre. Pour cela, je vous conseille de faire des tests (d'une semaine minimum, mais l'idéal serait d'un mois), au cours desquels vous éliminerez certains aliments, dans le but d'évaluer par la suite si vous vous sentez mieux (une meilleure digestion, sensation d'être plus énergique, ou moins de ballonnements par exemple) ou moins bien (ballonnements, fatigue, ou véritable sensation de manque) sans cet aliment en question.

Par exemple, pendant une semaine, ne consommez plus de nourriture contenant de la farine blanche tel que le pain, les gâteaux, ou encore certains féculents. Ensuite à l'issue de l'expérience, évaluez où vous vous situez sur l'échelle de vos ressentis: est-ce mieux, est-ce pareil, ou est-ce moins bien?

Puis, procédez de la même manière pour chaque catégorie d'aliments: la viande, les poissons, les produits laitiers, les fruits, les légumes, etc. Il est tout à fait possible d'effectuer plusieurs tests sur une même catégorie. Par exemple, vous pouvez très bien décider pendant une semaine d'éliminer uniquement le fromage, et la suivante de supprimer seulement les yaourts. Ainsi au travers de ces différents tests, vous pourrez savoir plus précisément quel régime alimentaire adopter. Précisons que les besoins peuvent varier d'une personne à une autre, selon l'âge, le sexe, les saisons, les activités qu'elle pratique, etc.

Ces divers essais m'ont permis de prendre conscience que je me sens bien mieux lorsque je ne consomme que ponctuellement des aliments contenant des farines blanches, lorsque j'augmente ma consommation de fruits et légumes, et lorsque je mange moins de viandes. A contrario, je ressentais un véritable manque concernant le fromage, tandis que je n'ai rencontré aucunes difficultés pour supprimer les yaourts. Plus intéressant encore, ces observations m'ont permis d'apprendre à mieux distinguer les sensations de mon corps qui relèvent d'un besoin et celles correspondant davantage à un plaisir (comme nous l'avons déjà vu, ce n'est pas du tout la même chose). Aussi, ai-je pu trouver un équilibre entre les deux qui me satisfasse.

De la même manière, j'ai également réalisé que j'avais beaucoup de mal à m'endormir si je mangeais après 20h, car cela ne me laissait pas le temps de digérer correctement. J'ai aussi constaté que je n'avais vraiment pas faim à mon réveil et qu'il fallait même que je me force pour prendre un petit-déjeuner. J'ai donc décidé de supprimer mon petit-déjeuner, et de dîner avant 20h. Naturellement, et sans savoir ce que c'était à l'époque, il s'avère que je pratique le jeûne intermittent depuis plus de 3 ans. Le jeûne intermittent est un régime alimentaire qui consiste à alterner des périodes de jeûne et des périodes d'alimentation normale. Il existe divers modèles, mais celui que j'ai adopté naturellement consiste à manger de 12h à 20h puis de jeûner pendant une période de 16h. Depuis, de nombreuses études ont été réalisées et ont relevé de nombreux bienfaits à cette pratique.

Là encore, je vous conseille de faire des tests en modifiant les horaires auxquels vous mangez, si possible (car j'ai bien conscience que tout le monde n'a pas la chance d'avoir une activité professionnelle qui lui permette de se faire son propre emploi du temps).

Toujours dans l'idée d'apprendre à écouter son corps, il m'apparaît primordial de manger en étant en accord avec soi-même, c'est-à-dire de manger sans culpabilité et sans privation, et d'être aligné avec ses valeurs.

Si vous vous êtes déjà dit « je ne devrais pas manger ce gâteau au chocolat, mais vu que j'ai commencé, autant s'empiffrer », ou « je n'aurai pas dû finir ce paquet de chips, du coup ce soir je ne mange qu'une salade » c'est que vous souffrez de culpabilité alimentaire, et donc, que vous n'étiez pas en accord avec vous-même. En plus de nous gâcher notre plaisir, la culpabilité, tout comme la privation et le contrôle excessif de ce que l'on consomme, nous mènent plus facilement à faire des excès. Et ce n'est pas une question de gourmandise ou de manque de volonté. La culpabilité alimentaire est une porte d'entrée au développement d'une relation malsaine avec les aliments et le corps et, possiblement, de troubles alimentaires.

Or, une fois la culpabilité complètement éliminée, l'on retrouve un rapport sain avec la nourriture et l'on redécouvre le véritable plaisir de manger. De la même manière que pour les pensées, ou les émotions, juger nos comportements alimentaires en culpabilisant, c'est ne pas écouter les besoins de notre corps. Si vous avez tendance à grignoter entre les repas, augmentez alors les grignotages comme vous le feriez avec la peur. Par exemple, au lieu de manger un carreau de chocolat, prenez en volontairement 7 autres en plus. Vous constaterez alors rapidement que sans culpabilité, sans jugements et sans interdits, les aliments « plaisir » deviennent moins attirants et il devient alors plus facile de les consommer occasionnellement. En revoyant progressivement sa façon de penser et d'agir envers la nourriture, l'on apprend à reprendre contact avec son corps.

Dans un autre registre, manger en fonction de nos valeurs s'avère tout aussi important. Par exemple, il y a plus de deux ans, j'ai commencé à ressentir une véritable gêne lorsque je mangeais de la viande, et ne ressentais plus aucun plaisir à en déguster. Je venais tout simplement de réaliser que le fait de continuer d'en manger n'était pas en accord avec mes valeurs premières à savoir le respect de toute vie, qu'elle soit humaine ou non humaine. Pour cette raison, j'ai choisi de ne plus en manger pour l'instant, sans pour autant me l'interdire si besoin et envie devaient un jour se faire sentir (je n'incite personne à devenir végétarien, juste à être à l'écoute de ses ressentis).

En résumé, faites confiance à votre corps. C'est lui qui a la capacité de vous dire combien vous devriez manger à chaque repas, et non pas votre logique.

LE SOMMEIL

Une bonne qualité de sommeil est indispensable pour assurer certaines fonctions métaboliques. En plus de permettre au corps de se reposer et de reprendre des forces, il contribue aux apprentissages et à une meilleure gestion des émotions. Le sommeil servirait de soupape aux trop-pleins d'émotions qu'on viendrait évacuer, digérer, nettoyer et intégrer en phase de sommeil paradoxal, c'est-à-dire le moment où l'on rêve.

Une étude scientifique réalisée à l'université de Tel-Aviv par le professeur Talma Hendler, a révélé que le manque de sommeil entraîne des changements dans nos capacités à réguler les émotions et à allouer au cerveau les ressources pour les processus cognitifs. La simple reconnaissance de ce qui est un événement neutre et de ce qui est émotionnel est fortement perturbée. En d'autres termes, la capacité du cerveau à dire ce qui est important est compromise. C'est comme si d'un coup, tout était important pour lui. On comprend mieux le cercle vicieux qui peut s'installer chez les personnes souffrant de troubles du sommeil, et comment le manque de sommeil peut conduire plus facilement à de l'anxiété. Le sommeil possède donc un rôle vital dans notre vie. Ce n'est d'ailleurs probablement pas pour rien que nous passons presque un tiers de notre vie à dormir.

Tout comme l'alimentation il n'y a pas de règles précises pour bien dormir car cela dépend avant tout de l'âge, du degré d'activité et de la constitution de chacun. Certaines personnes peuvent avoir besoin d'environ huit heures de sommeil (c'est la moyenne), alors que d'autres peuvent n'en avoir besoin que de sept ou six. D'autres encore peuvent avoir besoin d'un minimum de neuf heures pour bien fonctionner. À noter, qu'il peut y avoir des jours où vous n'allez avoir besoin que de six heures de sommeil tandis qu'à d'autres périodes neuf heures seront nécessaires.

Lors d'une autre période d'insomnie que j'ai traversée, je ne dormais que 6h en moyenne. Je me réveillais beaucoup plus tôt qu'à mon habitude, et j'insistais pour continuer de dormir quelques heures de plus en pensant que cela me permettrait de me sentir en forme pour la journée. Après m'être forcée plusieurs fois à prolonger ma nuit, et à dormir ces 9h de sommeil que je pensais nécessaire pour me sentir bien, je me sentais en réalité très fatiguée au réveil. Forte de ce constat, j'ai par la suite décidé de me réveiller dès lors que mon corps jugerait que ce serait le bon moment, même si cela était bien avant que mon réveil ne sonne. Et c'est effectivement ce qui s'est passé: je continuais toujours de me réveiller après 6h de sommeil, mais au lieu de me dire que ce n'était pas suffisant et de rester dans mon lit, je me suis forcée à me lever. Et curieusement je n'étais pas du tout fatiguée pour le reste de la journée. Je me sentais au contraire très dynamique. J'ai continué d'appliquer cette méthode plusieurs jours, et de lui même, mon sommeil s'est régulé pour reprendre un rythme « plus normal ».

C'est pourquoi je pense que la seule chose qui vous permettra de savoir si vous avez suffisamment dormi sera d'observer si vous avez pu passer la journée sans ressentir de somnolence. Encore une fois, comme pour l'alimentation, soyez à l'écoute de votre corps. Ne cherchez pas à forcer les choses. C'est de cette manière que vous allez vous créer des troubles du sommeil.

RESPIRATION

Une bonne respiration est importante et garante de bonne santé car elle permet d'oxygéner et de renouveler correctement nos cellules.

En période de stress, notre rythme respiratoire et par conséquent notre rythme cardiaque, tendent naturellement à s'accélérer. Le lien entre notre respiration, notre cœur mais aussi notre cerveau et nos émotions, est indéniable. C'est pourquoi, en modifiant notre rythme respiratoire, il est possible de calmer notre fréquence cardiaque, et par extension de réguler nos émotions. C'est le principe de la cohérence cardiaque. La cohérence cardiaque est un terme qui désigne à la fois un état cardiaque optimal (lorsque le rythme cardiaque est harmonieux et régulier) et une technique mise en lumière en France par le Dr David Servan-Schreibe, utilisée pour atteindre cet état.

En respirant calmement, il est possible d'influencer le cerveau, et plus particulièrement le système nerveux autonome. Le système nerveux autonome correspond à la partie du système nerveux qui régule certaines fonctions automatiques de l'organisme comme les muscles lisses, la digestion, les muscles cardiaques ou certaines glandes. Ainsi, il permet le maintien de l'homéostasie interne de l'organisme. Il est composé de deux branches: le système sympathique et le système parasympathique. Le premier répond au stress en préparant à l'action (en libérant de la noradrénaline et de l'adrénaline), tandis que le deuxième amène un ralentissement général des fonctions de l'organisme.

Ces deux branches du système nerveux autonome agissent de façon antagoniste comme une balance dynamique. La facilité avec laquelle on peut passer d'un état d'cxcitation à un état de calme est liée à la capacité du système nerveux autonome de faire varier rapidement la fréquence cardiaque. Dans les états de stress et d'anxiété, il y a un manque de flexibilité du système parasympathique. En adoptant un rythme respiratoire plus posé, le cœur se synchronise pour rentrer en cohérence cardiaque, et permet de réguler le système parasympathique.

La cohérence cardiaque a fait l'objet de nombreuses études qui semblent toutes s'accorder sur le fait que les effets bénéfiques d'une pratique régulière sont nombreux: le taux de cortisol (hormone du stress) diminue, tandis que le taux d'ocytocine augmente (plus connue sous le nom de l'hormone de l'amour), on observe une baisse de la tension artérielle, elle peut également favoriser la mémorisation, la concentration, le lâcher prise, une meilleure stabilité émotionnelle, ou encore avoir un impact positif sur le sommeil, et sur le système immunitaire en général.

La méthode pour entrer en cohérence cardiaque est simple : il suffit d'inspirer profondément par le nez pendant 5 secondes, et de souffler profondément par la bouche pendant 5 secondes, puis de recommencer pendant 5 minutes.

Mais la cohérence cardiaque n'est qu'une technique de respiration parmi tant d'autres. Une autre technique de respiration que j'affectionne plus particulièrement est la respiration ventrale ou abdominale. Lorsque nous étions bébé, nous pratiquions déjà spontanément la respiration abdominale puis, à l'âge adulte, nous adoptons plus facilement une respiration dite « thoracique » qui, elle, néglige la région abdominale. La respiration thoracique peut être source de nombreux maux, allant du sentiment d'angoisse et de stress jusqu'à la sensation désagréable d'inconfort, d'oppression au niveau de la poitrine voire d'essoufflement. Elle peut dans certains cas être superficielle, saccadée et irrégulière et conduire jusqu'à la crise d'angoisse. De plus, elle empêche les cellules de s'alimenter normalement en oxygène et a pour conséquence une mauvaise élimination des différentes toxines présentes dans l'organisme. En somme, cette respiration non contrôlée peut avoir des effets néfastes, tant sur la santé physique que psychologique et émotionnelle.

Car, la relation entre respiration et état émotionnel n'est plus à prouver : la vie psychique influe sur la respiration, la respiration influe sur la vie psychique. L'excès de stress rend notre respiration plus haute et vice versa. Mais nous pouvons utiliser cette influence pour la rendre plus positive en privilégiant davantage une respiration abdominale.

Cette dernière est une respiration lente et profonde pendant laquelle le ventre se gonfle. Les bienfaits de la respiration abdominale ne se font pas attendre, et le bien-être qu'elle procure s'explique physiquement par les mouvements de contraction et décontraction des muscles du diaphragme. Lors de l'inspiration, ce muscle qui sépare le thorax du ventre, va descendre et appuyer sur les organes abdominaux, ce qui va engendrer un gonflement du ventre. Les poumons vont se remplir d'abord par le bas, puis l'air inspiré va les remplir jusqu'en haut. C'est pourquoi la respiration thoracique n'est pas à exclure, elle complète la respiration abdominale.

Ce qui rend cette respiration intéressante en période de stress c'est qu'elle permet de détendre toute la région abdominale. L'estomac et tout le système digestif semblent être les endroits du corps où les états de stress et d'anxiété ont le plus l'habitude de s'accumuler. On le dit d'ailleurs dans nos expressions « j'ai comme une boule au ventre », ou « mon estomac est noué ou serré ». En gonflant votre estomac en respirant, vous permettrez à celui-ci de se « desserrer », et à « cette boule » de se dissiper.

La technique de respiration abdominale est, elle aussi, très simple : il suffit simplement d'inspirer par le nez en gonflant le ventre, et d'expirer par la bouche en le dégonflant, puis de répéter cet exercice autant de fois que vous le souhaitez, en prenant le temps de réaliser chaque phase d'inspiration et expiration profondément.

Les techniques de cohérence cardiaque et de respiration abdominale peuvent se faire consciemment à tout moment de la journée, et pour commencer, vous pouvez vous entraîner quand tout va bien, soit en dehors des périodes difficiles de stress et de tensions.

POSTURE

Avez-vous déjà remarqué que lorsque vous êtes dans un certain état émotionnel vous adoptez une posture physiologique particulière ? Par exemple, lorsque vous vous sentez déprimé, abattu après une grosse semaine de travail vous ne vous tenez pas de la même manière que si vous êtes euphorique et en pleine forme. Dans le premier cas, il y a un relâchement musculaire global : les épaules s'affaissent, le corps est recroquevillé, le regard et tous les traits du visage sont tournés vers le bas etc. De manière générale, vous êtes comme replié sur vous-même.

Dans le deuxième cas, c'est l'inverse : le regard et les traits du visage sont tirés vers le haut, avec certainement un sourire au coin des lèvres, le corps est bien droit, les épaules sont rejetées en arrière etc. Cette fois ci vous êtes dans une forme d'ouverture vers l'extérieur.

Votre physiologie et votre état émotionnel sont liés. Anthony Robbins, coach et conférencier américain en développement personnel, explique que « quand votre physiologie s'effondre, l'énergie positive de votre état s'effondre également et inversement ». Ce qui veut dire que vos émotions influencent votre posture, et votre posture influencent vos émotions. Cela fonctionne dans les deux sens.
Je vous propose de faire l'expérience suivante : adoptez une posture de déprimé, et essayez d'être heureux. Et dans l'autre sens, adoptez une posture de quelqu'un en pleine forme, et essayez d'être déprimé. Vous vous apercevrez dans les deux cas que c'est quasiment impossible. Si vous avez une posture positive et dynamique, vous ne pouvez pas être déprimé en même temps, c'est incompatible. Soit vous allez modifier votre posture, soit votre état émotionnel

pour rétablir un équilibre. Par conséquent, vous pouvez changer d'état émotionnel en changeant votre physiologie.

Et c'est là qu'on retrouve le fameux « faire semblant »; si vous êtes dans une situation stressante, adoptez la posture que vous auriez si le stress n'était plus un problème. Faites comme si vous étiez capable de surmonter la situation, comme si vous aviez confiance en vous par exemple. Mettez vous dans l'état physiologique que vous auriez si vous aviez confiance. Tenez vous comme vous vous tiendriez, respirez comme vous respireriez, bougez comme vous bougeriez, prenez l'expression que vous prendriez, parlez comme vous parleriez, prononcez les paroles sur le ton que vous prendriez si vous aviez confiance etc. Ainsi, en modifiant votre attitude physiologique, vous ne tarderez pas à ressentir l'émotion qui lui est associée tout en vous sentant capable d'agir.

Cette astuce simple au premier abord, s'avère être extrêmement puissante. Étant très timide, ma posture renvoyait également cette image. Une fois mon attitude physiologique changée, je me suis sentie très rapidement beaucoup plus confiante. Cette astuce m'aura permis de faire face plus facilement à certaines situations, et il m'arrive encore ponctuellement de l'utiliser lorsque je doute de mes capacités. Je vous l'accorde, j'ai encore tendance à me tenir recroquevillée car cela me demande un effort constant de me tenir bien droite, comme si être recroquevillée était devenu confortable. Mon grand frère me dispute d'ailleurs souvent à propos de mon mauvais maintien postural. Cependant, comme pour toutes les techniques proposées dans ce livre, celle-ci ne déroge pas à la règle: il n'y a que la pratique qui peut la rendre efficace. Changez donc votre posture, et vous changerez votre état émotionnel.

EN CONCLUSION

Il n'y a pas que nos pensées qui ont une action notre corps. L'esprit a lui aussi besoin du corps pour se réguler. Le corps est un outil essentiel dans la gestion de nos émotions, puisque c'est au travers de celui-ci que ces dernières s'expriment. Prendre soin de son corps devient alors essentiel pour toute personne désirant une vie plus sereine et épanouie.

11.
ÉLARGIR SA ZONE DE CONFORT

« Il faut que vous sachiez que la vie commence à la limite de votre zone de confort. Vous ne trouverez pas la gloire au cœur de la prudence, mais sur ses bords. Vous ne trouverez pas l'amour dans un endroit protégé, mais là où vous serez mis à nu. Vous devez prendre des risques. »
Neale Donald Walsch

Au quotidien, nous avons tous nos petites habitudes: une manière d'organiser notre journée, des comportements, ou des activités que nous répétons chaque jour, une façon d'interagir et de communiquer avec notre entourage, etc. Nous nous trouvons alors dans ce que nous appelons communément la zone de confort. C'est tout l'univers dans lequel vous vivez en ce moment : votre famille, votre travail, vos amis, ce que vous aimez faire au quotidien, vos savoir-faire, etc... Un univers qui constitue votre quotidien qui vous est familier, sécurisant, et rassurant car il est prévisible. Nous avons donc tendance naturellement à nous y confiner afin d'éviter de nous sentir mal à l'aise en dehors de celui-ci.

Judith Bardwick, psychologue américaine, définit le concept de zone de confort comme « l'état comportemental d'une personne qui choisit de vivre dans une position neutre d'anxiété. »

Quant à Brené Brown, professeur et chercheur en sciences humaines et sociales à l'Université de Houston, elle le décrit comme « l'espace où notre incertitude, le manque et la vulnérabilité sont réduits au minimum et où nous croyons que nous aurons accès à suffisamment de nourriture, d'amour, d'estime, de talent, et de temps, et où nous avons le sentiment d'avoir un certain contrôle. »
Notre zone de confort est un peu comme une « prison dorée ». On y est bien, on la cherche, on s'y sent en sécurité, mais cela peut également nous empêcher d'évoluer. Car ce qui se trouve en dehors de celle-ci, ce sont toutes les choses que nous aimerions faire dans notre vie, que ce soient des ambitions professionnelles ou personnelles. Mais elles représentent et symbolisent aussi la prise de risque, l'inconnu, et le changement. La limite de notre zone de confort se trouve dès lors que nous sommes face à la nouveauté.

Certains appellent même ce qui se trouvent en dehors de cette zone, la « zone de panique ». Il n'est donc pas toujours simple d'en sortir en particulier par peur du changement, de l'échec, ou du jugement.

Lorsque vous envisagez de sortir de votre zone de confort, vous entendez très probablement cette petite voix dans votre tête qui vous dit « non ne fais pas ça, tu vas te ridiculiser » ou « non, c'est bien trop risqué ». Ainsi, la zone de confort vous limite dans votre propension à faire de nouvelles expériences.

Nous sommes, parfois sans même nous en rendre compte, attachés à notre zone de confort au point de ne plus réussir à en sortir. « La prison dorée » nous apporte, en apparence, tous les besoins fondamentaux, tout en nous empêchant de nous épanouir pleinement. Nombreuses sont les personnes qui semblent avoir tout ce qu'il faut pour être heureux(ses) : Travail, argent, mari ou femme, enfant, maison, voiture, animaux de compagnie...etc, mais elles vous diront pourtant qu'elles ne sont pas épanouies...Car être dans sa zone de confort n'empêche pas la peur de s'installer en nous.-

Nous pouvons très bien imaginer tout ce qui pourrait mal se passer en dehors de celle-ci en étant pourtant confortablement installé chez nous.

Et si votre zone de confort est devenue inconfortable, c'est qu'il est l'heure de changer ! Il y a sans doute des avantages à ne pas changer et à rester dans cette situation actuelle. Cependant, les conséquences de ne rien changer dans sa vie, c'est que rien ne changera ! Dans la très grande majorité des cas, les changements opérés dans nos vies nous ont été profitables à terme ! Le changement n'est donc pas à craindre mais plutôt à solliciter. « Ce n'est pas le plus fort de l'espèce qui survit, ni le plus intelligent. C'est celui qui sait le mieux s'adapter au changement », nous disait déjà Charles Darwin. Au final, la seule chose qui ne change pas … c'est le changement.

Sortir de cette fameuse zone de confort, c'est se donner les moyens de ne plus craindre l'inconnu, d'apprendre, d'évoluer et bien entendu, de se rapprocher de celui ou celle que vous voulez devenir. Rendez-vous compte, au delà de la peur et de la zone de confort, il y a la possibilité d'être heureux et de vivre pleinement sa vie ! Ce serait bien trop risqué de s'y rendre, non ?

Précisons toutefois que grandir, évoluer et s'épanouir ne signifie pas non plus devoir quitter systématiquement sa ou ses zones de confort. Sortir ou entrer dans une zone de confort est un phénomène naturel et continuel. Vous ne perdez donc rien en quittant une zone de confort. C'est une croissance logique et évidente qui nous pousse à changer d'environnement, de façon de faire, de penser… En somme, de s'ouvrir à autre chose. Et nous faisons cela en permanence et de façon naturelle. Nous ne perdrons jamais nos acquis, nous ajoutons simplement de nouvelles données. Voilà pourquoi il serait plus juste et approprié d'employer l'expression « élargir sa zone de confort » plutôt que « sortir de sa zone de confort ».

La zone de confort n'est qu'une limitation personnelle que nous nous imposons, qui nous empêche de nous épanouir et qu'il faut élargir si nous voulons être plus heureux dans notre vie.

ÉLARGIR SA ZONE DE CONFORT

Alors que j'étais fraîchement installée dans mon cabinet et toute jeune praticienne, et que je recevais pour la deuxième fois en consultation une jeune femme de 20 ans pour l'aider à mieux accepter son stress, j'ai été très déstabilisée par sa réponse à ma simple question « quels changements avez-vous constaté après la première séance ? ». Elle m'explique qu'après la séance, elle s'était sentie vraiment détendue, et que cet état s'était poursuivi bien après notre rencontre. Elle avait aussi remarqué qu'elle était beaucoup moins dans de l'anticipation anxiogène et qu'elle osait même sortir et prendre des initiatives qu'elle n'aurait jamais réussi à prendre auparavant. Je la félicite et lui demande alors pourquoi elle a souhaité que l'on se revoit une nouvelle fois. Elle m'explique alors que, bien que ces changements aient été très agréables pendant un temps, elle avait fini par trouver cela étrange de ne plus stresser. « j'étais stressée de ne plus stresser ! » me déclare-t-elle. Elle avait alors recommencé à imaginer les fameux scénarios catastrophes : cela ne pouvait pas être normal d'être détendu selon elle car « en temps normal », elle aurait dû stresser. Elle devait alors avoir un problème ! C'est alors que j'ai compris que son stress l'avait accompagné une bonne partie de sa vie et qu'il était ainsi devenu sa normalité. Ironiquement, changer trop rapidement l'avait véritablement déstabilisé.

Je pensais que cela n'était qu'un cas isolé. Quelle ne fut alors ma surprise lorsque, quelques jours après seulement, j'entendis un homme cette fois-ci me tenir à nouveau le même discours ! Cela ne pouvait être une coïncidence. J'ai donc rectifié ma stratégie thérapeutique, en leur permettant d'avancer à leur propre rythme.

Car, soyons réalistes, il n'est pas toujours aussi simple de remettre en question tous nos comportements, nos habitudes, nos raisonnements ou nos avis d'une manière brutale. Après tout, ce sont eux qui sont à la base de notre développement et qui ont influencé la construction de notre personnalité au fil des années. Il est parfois plus judicieux et prudent d'avancer progressivement. On ne commence pas à monter une échelle par le dernier barreau après tout ! Avec un peu de chance, peut-être que vous arriverez à grimper mais la chute est encore plus certaine d'arriver, et elle peut être très douloureuse. Cela vient saper notre moral et au passage miner notre confiance en soi.

Peut-être avez-vous même déjà tenté de vous forcer à affronter vos peurs. Mais vous n'étiez pas prêt, et cela vous a peut-être même donné l'impression de faire un pas en avant, et deux en arrière...

C'est pourquoi, pour élargir sa zone de confort, il est important d'avancer progressivement et à son propre rythme: c'est le principe d'exposition progressive utilisée en thérapie comportementale.

Cette méthode repose sur la constatation expérimentale, que par exposition progressive et régulière au stimulus anxiogène, on observe une diminution progressive de la réaction de peur, qui s'expliquerait par le phénomène autant physiologique que psychologique d'habituation. Il s'agit donc de se confronter aux situations redoutées afin de constater que le réel est moins terrible que le virtuel de nos croyances erronées. Car pour vous libérer de vos peurs, vous allez devoir vous y confronter ! Cela est inévitable ! Mais il est essentiel de s'y confronter correctement pour que les résultats soient durablement efficaces. Pour cela il y a quelques règles à respecter :

L'exposition doit être longue : beaucoup pensent que s'ils s'exposent trop longtemps, la peur va augmenter graduellement jusqu'à créer une crise d'angoisse ou qu'elle ne va jamais rediminuer. D'où l'instinct primitif de vouloir fuir ces situations. Il y aura de la peur au début c'est évident. Cependant, celle-ci va finir par se stabiliser pour progressivement commencer à redescendre. Mais pour cela, il faut rester suffisamment longtemps exposé.
Tant que la personne ne l'aura pas constaté par elle-même le doute subsistera: « Je suis restée dix minutes et la peur n'était toujours pas redescendue. Heureusement que je suis partie sinon j'aurais pu faire une crise d'angoisse, ou une catastrophe serait arrivée ». Effectivement, si elle ne s'expose que si peu de temps, elle va développer cette croyance et cela aura un renforcement négatif. Vous serez juste soulagé que cela s'arrête, et cela viendrait renforcer la fuite.

On ne doit pas mettre un terme à l'exposition à une situation tant que l'anxiété n'est pas réduite d'au moins 50%. Et cela peut prendre un peu de temps, et peut aller parfois à un temps d'exposition d'une heure, voire beaucoup plus. Oui, c'est beaucoup ! C'est seulement lorsque vous ferez cette nouvelle expérience de la réalité que vous pourrez modifier votre croyance limitante : c'est ce qu'on appelle une expérience émotionnelle correctrice (Alexander et French, 1946)

L'exposition doit être répétée : une seule exposition ne suffit malheureusement pas toujours pour aller mieux.

Un de mes patients qui présentait des symptômes agoraphobes s'était fait aider par un thérapeute bien avant que je le rencontre. Il m'a alors expliqué que, suite à leur séance, il avait effectivement pu sortir hors de chez lui. Il pensait alors être guéri. Cependant, quelques jours après, la peur était revenue, et elle était même beaucoup plus forte qu'auparavant. Pas évident pour le moral.

C'est la répétition de l'exposition qui permet à l'intensité de la peur de diminuer. Comme pour n'importe quel apprentissage, plus on pratique et plus on s'améliore.

L'exposition doit être complète : vous devez être concentré sur ce que vous faites et ne pas penser à autre chose pour éviter les évitements même subtils. Car cela viendrait altérer l'efficacité de la technique.

L'exposition doit être progressive : l'idée est simple : s'exposer progressivement à des situations de difficulté croissante. Pour cela, vous pouvez établir une hiérarchie allant de la situation la plus facile à affronter jusqu'à la plus difficile.

Par exemple, une personne ayant peur du vide pourrait commencer par monter sur la première marche d'un marche-pied, ensuite sur une chaise, puis commencer à se rapprocher d'une fenêtre ou d'un balcon, puis la rambarde d'un pont, etc.

Cette approche m'aura beaucoup aidé lorsque j'ai réalisé mon projet vidéo sur les peurs :

- Avant de dire n'importe quoi aux personnes que j'abordais dans la rue pour ma vidéo « aborder des inconnus », j'ai d'abord commencé par leur demander l'heure. Une fois à l'aise, je demandais ensuite à d'autres passants mon chemin. Puis, enfin j'allais vers eux en leur disant n'importe quoi.
- Avant d'effectuer mon saut en parachute, j'ai réalisé un saut en parapente qui me paraissait bien moins impressionnant.

La seule consigne qu'il est important de respecter c'est de ne pas progresser dans la hiérarchie tant que l'étape en cours n'est pas suffisamment maîtrisée, c'est à dire tant que l'anxiété n'a pas diminué d'au moins 50%.

Le principal intérêt de commencer par des choses simples, c'est que vous allez regagner en confiance et en motivation. Car une fois que vous aurez réalisé que vous êtes capable de réussir et que le changement n'est pas négatif en soi, vous allez avoir une meilleure estime de vous et de vos capacités. Ainsi vous pourrez plus facilement commencer à assumer le regard d'autrui et à ne plus vous laisser déstabiliser par celui-ci, ce qui est bien souvent un des obstacles qui vous empêche de passer à l'action.

Quand vous découvrez qu'en réalité vous êtes capable de faire beaucoup plus de choses que ce que vous croyiez, immédiatement votre confiance en vous prend de l'ampleur.

Le manque d'assurance se nourrit précisément de cette tendance à ne pas oser. Si vous vous posez moins de questions et que vous agissez davantage, vous pouvez aller bien plus loin que ce que vous imaginez, et vous ressentirez une plus grande estime pour ce que vous êtes.

****

EXERCICES PRATIQUES

• Décomposer son objectif

Avez-vous déjà eu cette impression de vous sentir totalement noyé par la masse de travail que vous deviez fournir ? De ne pas savoir par quel bout commencer ? Lorsque nous nous projetons trop loin dans le futur et que nous n'avons pas suffisamment défini les étapes pour atteindre notre objectif, notre esprit est embrouillé par le stress et ce dernier nous empêche de passer à l'action. Atteindre un objectif nous paraît parfois difficile parce que nous nous faisons « des montagnes »...avec pas grand chose.

En revanche, si vous décomposez votre objectif en sous-objectifs, vous découvrirez très certainement qu'il paraît beaucoup plus accessible. Car, l'avantage d'un sous-objectif est qu'il est bien plus facilement atteignable car moins ambitieux que l'objectif principal. Comme dirait Henry Ford, « rien n'est particulièrement difficile si on le subdivise en petites tâches. » En plus de vous permettre de vous rapprocher un peu plus de votre objectif principal en établissant un plan d'action concret, réussir un sous-objectif permet de prendre conscience du chemin parcouru en concrétisant notre progression, et de ce fait, nous encourage à poursuivre nos efforts.

C'est cette approche que j'ai utilisée pour ouvrir mon cabinet, en hiérarchisant chacune des tâches à accomplir par ordre chronologique. Cela a donné quelque chose comme :

- faire les démarches administratives pour devenir auto-entrepreneur
- trouver un local
- acheter un téléphone avec une nouvelle carte sim
- créer un site internet
- faire des cartes visites

Vous pouvez également utiliser cette méthode pour faire face aux situations qui vous sont anxiogènes. Nous avons déjà donné l'exemple de la peur du vide. Prenons maintenant la peur des araignées :

- Regarder une photo d'araignée
- regarder une vidéo d'araignée
- toucher une araignée en plastique, ou en peluche
- rester dans la même pièce qu'une araignée

Pensez bien à respecter les règles de l'exposition progressive, présentées plus tôt.

• Se lancer des défis

Se lancer des défis est un bon moyen de pimenter son quotidien, sans tout chambouler pour autant. En allant vers l'inconnu et la nouveauté, cela permet de se créer de nouvelles opportunités et de vivre de nouvelles expériences. De ce fait, les avantages de se lancer des défis sont nombreux. Entre autres, ils permettent de sortir de la routine, de modifier certaines de nos habitudes qui ne concordent plus avec nos objectifs, de faire travailler et développer « notre muscle de la volonté », de changer certaines de nos croyances tel que « je ne suis pas capable » et par là même de reprendre confiance en soi en ayant le sentiment de s'accomplir, et tout simplement de créer des moments stimulants et excitants dans sa vie tout en s'amusant. Les défis ne sont pas forcément de grands objectifs. Ce sont de petites actions inspirantes à mener. C'est pourquoi, ce qui constituera un défi pour certains, n'en représentera pas forcément un pour d'autres.

Par exemple, les premiers défis que je me suis lancés étaient relativement simples, mais représentaient pour moi à l'époque un énorme challenge à surmonter. Entre autres, il y avait dans ma liste :

- chercher à faire les choses par moi-même et ne plus demander de l'aide (sauf si cela était vraiment nécessaire) et/ou ne plus être accompagnée dans les situations stressantes,
- aller à des soirées même si je ne connaissais personne ou très peu de monde, et ce même si je n'étais pas motivée,
- prêter attention à mes pensées,
- manger le plus sainement possible,
- avoir une activité physique régulière,
- me maquiller
- acheter de nouveaux vêtements, etc.

Puis j'ai augmenté progressivement la difficulté en me lançant par la suite des défis que l'on pourrait qualifier d'un peu plus « fous » ou d'ambitieux, en m'engageant publiquement sur les réseaux sociaux à les relever (cela a d'ailleurs donné vie à quelques vidéos sur ma chaîne YouTube), dont voici la liste :

- prendre trente jours de douches froides,
- se lever tous les matins pour prendre une photo du soleil levant pendant un mois,
- s'inscrire à une formation sans avoir l'argent,
- ne plus manger de viandes et de produits laitiers pendant un mois,
- faire une vidéo par jour pendant un mois,
- dormir par terre pendant un mois.

L'important est de trouver un défi qui vous corresponde et qui vous permette de vous épanouir dans votre vie. Voici d'autres idées de défis que je vous invite à tester :

- méditer au moins 30 minutes par jour, pendant 30 jours
- utiliser le moins possible sa voiture pendant quelques jours et la remplacer par le vélo, la marche, les transports en commun pendant 30 jours
- ne pas regarder la télévision pendant 30 jours
- vous lever plus tôt que votre habitude pendant 30 jours
- ne pas boire d'alcool pendant 30 jours
- lire au moins 1h par jour, pendant 30 jours
- contacter une personne dont vous n'avez pas de nouvelles depuis longtemps

Voilà maintenant selon moi quelques critères pour qu'un défi soit bénéfique:

- Il doit durer plusieurs jours pour vous permettre d'avoir vraiment le temps de devenir à l'aise avec l'inconfort. J'ai trouvé que se challenger sur une période de 30 jours était plutôt intéressant.
- Il ne doit pas être trop simples auquel cas on ne pourrait pas réellement le qualifier de « défi ». Lancez-vous des défis que vous n'êtes pas sûrs de réussir.
- Mais ne vous mettez pas la barre trop haute non plus. Vous risqueriez de vous décourager trop rapidement ce qui serait contraire à l'effet recherché.

• Ciao Comfort Zone

Et si sortir de sa zone de confort devenait un jeu? C'est le principe du jeu de cartes éducatif « Ciao Comfort Zone » imaginé par les créateurs du M3 Journal qui se joue dans la vie réelle sur une durée de 13 semaines. Ce jeu de développement personnel, qui présente la particularité de pouvoir être joué aussi bien seul qu'à plusieurs, vous invite à changer vos habitudes au travers de défis pour évoluer dans différents domaines. Ces challenges sont regroupés en 6 catégories:

- Social (entretenir et élargir votre cercle social),
- Bienveillance (participer au bien-être des autres),
- Expérience (explorer de nouveaux univers),
- Gratitude (quantifier sa chance au quotidien),
- Confiance (s'exposer à la gêne et au regard de l'autre)
- Santé (améliorer sa santé physique et mentale).

Il existe ensuite deux types de challenges : les « classiques » sont à réaliser dans les 48 h après avoir pioché la carte et rapportent 2 points ; les « super challenges » sont un défi à tenir toute une semaine et rapportent 4 points; soit au total un maximum de 10 points par semaine. Le but du jeu est de réussir à accumuler au moins 120 points sur les 130 possibles.

Une manière ludique d'élargir sa zone de confort et d'évoluer en s'amusant.

CONCLUSION

Pour agrandir sa zone de confort, il n'y a pas de secret. La seule solution est de passer à l'action. La plupart du temps - pour ne pas dire tout le temps - le seul fait d'agir dissipe une peur. Généralement, la crainte s'estompe à mesure qu'on avance. La seule chose difficile, c'est de se lancer : mais, si vous le faites, vous verrez que nombreuses de ces grandes craintes disparaîtront. Les bénéfices que vous retirerez à élargir votre zone de confort dépassent largement la peur que l'on peut éprouver au départ.

Car comme l'illustre le poème de Pablo Extruda, « il meurt lentement celui qui ne voyage pas, celui qui ne lit pas, celui qui n'écoute pas de musique, celui qui ne sait pas trouver grâce à ses yeux. Il meurt lentement celui qui détruit son amour-propre, celui qui ne se laisse jamais aider. Il meurt lentement celui qui devient esclave de l'habitude refaisant tous les jours les mêmes chemins, celui qui ne change jamais de repère, ne se risque jamais à changer la couleur de ses vêtements ou qui ne parle jamais à un inconnu. Il meurt lentement celui qui évite la passion et son tourbillon d'émotions, celles qui redonnent la lumière dans les yeux et réparent les cœurs blessés. Il meurt lentement celui qui ne change pas de cap lorsqu'il est malheureux au travail ou en amour, celui qui ne prend pas de risques pour réaliser ses rêves, celui qui, pas une seule fois dans sa vie, n'a fui les conseils sensés. Vis maintenant! Risque toi aujourd'hui! Agis tout de suite! Ne te laisse pas mourir lentement! Ne te prive pas d'être heureux! »

12.
PASSER À L'ACTION

« Agir sans réfléchir, car un homme ne va jamais aussi loin que lorsqu'il ne sait pas où il va. »
Robert Musil

Environ 3500 mètres me séparent du sol et mes pieds sont dans le vide. On me crie dans l'oreille de bien relever la tête et de me tenir à mon harnais. Mon moniteur s'est alors laissé glisser dans le vide, m'entraînant avec lui dans sa chute. Mon cerveau semble comme déconnecté. Peut-être est-il resté dans l'avion ? Je n'en sais plus rien, je n'arrive pas à réfléchir. Il y a du vent. Beaucoup de vent. Et des nuages. Et un magnifique paysage en dessous de moi. On se rapproche à grande vitesse du sol. Après ces cinquante secondes de chute libre, mon moniteur déclenche enfin le parachute nous faisant passer de manière assez rude de l'horizontale à la verticale. Puis après quelques minutes de balade dans les airs, la piste d'atterrissage semble apparaître soudainement sous mes yeux pour nous permettre d'atterrir quelques secondes plus tard. Les pensées redeviennent plus habituelles, et je suis en train de prendre conscience de ce qu'il vient de se passer : je viens de sauter du haut d'un avion avec un inconnu, et je l'ai même payé pour cela !

Avais-je perdu la tête ? Tout s'est enchaîné tellement rapidement que je n'ai pas eu le temps d'analyser la situation. Et heureusement ! Je ne crois pas que j'aurai réussi à sauter si nous étions restés trop longtemps au bord du vide. À coup sûr, j'aurai fini par me « dégonfler » en prenant conscience des « risques » qu'il y avait à faire ce saut. Le fait de passer à l'action était totalement venu interrompre mes pensées analytiques et rationnelles, et les doutes que j'aurai pu avoir. Je n'avais plus le temps de me demander si c'était une bonne ou une mauvaise idée, j'ai suivi bêtement les instructions ...et je l'ai fait. C'était tellement libérateur.

Prenez le temps d'analyser vos plus belles réussites. N'ont-elles pas toujours découlé de ces moments « de folie », où vous « décrochiez » votre cerveau pour passer à l'action ? Où vous avez suivi votre intuition plutôt que la logique ? Où vous avez agi sans réfléchir ?

Peut-être était-ce lorsque vous avez abordé cette femme ou cet homme qui vous plaisait, lorsque vous l'avez embrassé pour la première fois, ou lorsque vous faisiez du sport ou une autre activité, ou encore en situation de stress comme lors d'un examen, etc.

Nos plus belles réussites naissent de ces moments d'action, de non-doutes, et de pleine présence. À trop attendre et à trop analyser les choses avant de passer à l'action, nous finissons par ne rien faire. Je suis certaine que vous n'avez pas besoin de chercher bien longtemps dans vos souvenirs pour trouver au moins un exemple d'une situation où vous avez perdu trop de temps à l'analyser au lieu d'agir. Peut-être était-ce une offre promotionnelle hyper attractive sur un produit quelconque que vous avez laissé filer entre vos doigts, ou une opportunité que vous n'avez pas su saisir sur le moment.

Pire encore, plus nous attendons pour passer à l'action et plus cela devient difficile de nous lancer. C'est une « erreur » que j'ai commise au moment de filmer ma vidéo « aborder des inconnus dans la rue ». Ce que vous ne savez peut-être pas, c'est que je n'ai pas réussi à la faire du premier coup car je me suis laissée submerger par mes doutes. J'étais pourtant sur place avec mon petit frère qui me servait de cameraman. Nous avons d'abord été confronté à un premier problème pratique : trouver un endroit pour ne pas que la caméra soit visible par les passants tout en ayant un bon angle de vue. Nous avons effectué pas mal de tests avant de repérer un endroit qui pourrait répondre à mes exigences, et cela nous a fait perdre énormément de temps. Et plus le temps passait et plus je commençais à douter de moi et à me poser des questions, notamment par rapport aux droits à l'image. Des questions légitimes et importantes à se poser il me semble, mais qui ont fini par me paralyser totalement. J'arrivais à peine à aborder les passants. Sentant mon petit frère s'impatienter de plus en plus et la motivation n'étant plus vraiment présente, de son côté comme du mien, nous avons préféré nous arrêter pour la journée, prétextant que ce n'était tout simplement pas le bon moment.

Je peux maintenant dire avec le recul que je souffrais de ce qu'on appelle familièrement l'excusite: la « maladie » qui consiste à se trouver des excuses pour justifier le fait que nous ne soyons pas passés à l'action.

QUAND L'HÉSITATION SE TRANSFORME EN EXCUSE

À trop hésiter, et à trop attendre pour bouger, nous devenons bien souvent totalement inactifs. Nous tentons alors de justifier notre inaction par des excuses: « il y avait trop de monde », « il n'y avait pas assez de monde », « je n'étais pas prête », « ce n'était pas le bon moment », « je n'avais pas le temps », « je suis trop jeune », « je suis trop vieux », « ce n'est pas de ma faute », « je n'ai pas assez de connaissances », « je n'ai pas assez d'argent », « je n'ai pas de chance »...etc. La liste des excuses courantes pourraient être très longues!

Cette mauvaise habitude de justifier l'inaction est parfois tellement ancrée en nous que nous ne nous apercevons même plus que nous venons de prononcer une excuse. Trop souvent, nous trouvons des prétextes pour ne pas agir. Certains cherchent même des boucs émissaires lorsqu'ils ont des difficultés. Car il est parfois beaucoup plus simple de rejeter la faute sur quelque chose d'extérieur (une autre personne, la société etc) plutôt que de prendre notre responsabilité face à notre problème.

C'est encore bien souvent nos peurs qui sont à l'origine de notre immobilité: la peur d'échouer, la peur de mal faire, la peur de se ridiculiser, la peur d'être rejeté, la peur de ne pas avoir suffisamment de connaissances ... etc. Ces peurs, alimentées par notre inaction et nos doutes, nous poussent alors à nous confiner dans notre zone de confort.

Un des meilleurs moyens de ne pas se lancer, c'est d'attendre d'être prêt pour passer à l'action. En réalité, je ne pense pas qu'il soit possible d'être totalement prêt. À titre d'exemple, je n'étais absolument pas prête lorsque j'ai ouvert mon cabinet, lorsque je suis montée sur scène pour la première fois, ou lorsque j'ai commencé à écrire ce livre. Je n'avais pas du tout confiance en moi lorsque j'ai entrepris chacune de ces activités. J'ai d'ailleurs fait beaucoup d'erreurs, que j'ai progressivement rectifiées. Je continue toujours d'en faire et probablement qu'il y en aura toujours. Mais c'est le fait d'oser passer à l'action qui m'a permis de gagner en confiance en moi, et non l'inverse.

C'est pourquoi je pense qu'un des remèdes les plus efficaces pour lutter contre cette tendance à se trouver des excuses et ainsi regagner en confiance en soi, consiste tout simplement à passer à l'action le plus rapidement possible puis d'ajuster ensuite au fur et à mesure.

Grâce à ma première tentative de filmer ma vidéo, je savais qu'il ne fallait surtout pas que j'attende avant d'aller aborder les passants. J'étais déterminée à recommencer une nouvelle fois, mais cette fois-ci, j'allais me lancer sans prendre le temps de trop réfléchir. Et c'est exactement ce que j'ai fait lors de mon deuxième essai: je n'ai pas réfléchi, et j'ai ainsi pu enchaîner les actions de manière plus fluide. Aussitôt une personne abordée que je me concentrais déjà sur la suivante. Je ne perdais pas de temps à me demander ce que les passants pensaient de moi. J'avançais vers eux, je leur parlais, puis je passais à la personne suivante et je recommençais le même processus. J'ai ainsi pu filmer tous les plans de ma vidéo très rapidement.

QUAND PASSER À L'ACTION SAUVE DES VIES

Eric Heffelmire bricolait dans son garage sous son pick-up lorsque la cale qui maintenait l'utilitaire a glissé. Dans le même temps, de l'essence s'est déversée et a provoqué un début d'incendie. En quelques secondes, Eric Heffelmire s'est retrouvé en très fâcheuse posture, coincé sous le véhicule alors que les flammes s'étendaient dans le garage. Après dix minutes de lutte désespérée, son sauveur est arrivé. Eric lui explique qu'il faut qu'il soulève le pick-up. Sans réfléchir, son sauveur s'est précipité vers le véhicule pour tenter de le libérer. Une mission a priori impossible puisque le vieux pick-up pèse plus d'une tonne ! Il soulève le pick-up, le place sur sa hanche, et tire Eric hors de danger.

Assez incroyable, non ? Cette histoire est d'autant plus surprenante que son sauveur n'était autre que sa fille, Charlotte, 19 ans, 1 m 68 pour 58 kilos. Mais la jeune fille ne s'est pas arrêtée là. Ne sachant pas qui il y avait chez elle, et le pick-up menaçant de déclencher une explosion et un véritable incendie, elle a réussi à démarrer l'imposant véhicule pour le sortir du garage. Tâche d'autant plus difficile qu'il ne reposait que sur trois roues. Sa grand-mère et sa nièce se trouvait dans le domicile familial. Après les avoir évacuées, elle se saisit d'un tuyau d'arrosage pour lutter contre les flammes en attendant l'arrivée des secours.

De nombreux faits divers relatent des exploits physiques similaires. En 1982, en Georgie, Angela Cavallo, alors âgée de plus de cinquante ans, a soulevé la voiture qui écrasait son fils Tony alors que les cales ont glissé lorsqu'il était en train de la réparer. En 2013, dans l'Oregon, 2 sœurs adolescentes, Hanna 16 ans et Haylee 14 ans, ont soulevé un tracteur pour sauver leur père coincé en dessous.

La science peine encore à expliquer ces exploits surhumains. Il était pensé que l'adrénaline en serait à l'origine. Bien qu'elle accélère le rythme cardiaque en augmentant la pression artérielle pour une mobilisation de tous les muscles, il n'y aurait cependant pas de corrélation avec la force physique.

Je pense que les réponses se trouvent plutôt du côté psychologique, et plus principalement de cette capacité écouter son cœur plutôt que son mental, qu'on pourrait appeler plus communément, le courage. Étymologiquement, le mot courage dérive du latin *cor*, (« cœur ») et du suffixe *-age* (« action de »). Selon moi, le courage n'implique pas l'absence de peur. Il implique d'avancer malgré la peur. Un choix qui n'est évidemment pas dénué de risques mais où le cœur l'emporte sur la raison.

Charlotte Heffelmire n'a pas cherché à analyser ses capacités lorsqu'elle a soulevé le véhicule. Interviewée quelques jours plus tard par Ellen Degeneres dans son émission The Ellen Show, la jeune américaine explique « n'avoir pas réfléchi » pour soulever le véhicule. « Je l'ai juste soulevé » poursuit-elle.

Nous pourrions citer également Rosa Parks qui refusa de céder sa place à un passager blanc dans un autobus en 1955; l'homme resté anonyme surnommé l'homme de Tian'anmen ou l'homme au char qui se plaça, seul, face à une ligne de chars de l'armée chinoise en 1989; ou encore Malala Yousafzai victime d'une tentative d'assassinat en 2012 par les talibans parce qu'elle milite pour les droits à l'éducation des filles.

Mais le courage n'est pas que l'acte héroïque, celui qui mérite une médaille. Il peut se manifester sous différentes formes dans notre quotidien : se sortir du lit le matin, lever la main en classe, oser dire ce que l'on pense, partager une idée à un auditoire, se saisir d'une opportunité, assumer un point de vue, avouer une erreur, aborder un inconnu, ou aller au bout de ses projets. « La vie de tous les jours est remplie de moments qui sont angoissants, incertains, et difficiles. Affronter ces moments-là afin de débloquer les opportunités, la magie et la joie dans votre vie demande un énorme courage » nous explique Mel Robbins, coach conférencière américaine dans son livre *« The 5 second rule »*. « Ce ne sont pas les grandes choses qui viennent tout changer dans votre vie, ce sont les petites choses que vous allez faire dans votre quotidien qui vont le permettre » conclue-t-elle

L'HYPNOSE POUR SORTIR DE L'INHIBITION

Alors que je n'étais encore que lycéenne, j'avais été fascinée par une démonstration d'hypnose diffusée à la télé. Un jeune homme qui se disait timide s'était retrouvé à danser sur scène alors qu'il avait affirmé un peu plus tôt qu'il en était incapable. Étant moi-même timide cela avait fait forte impression!

Alors que la majorité des personnes y voyaient là une forme de manipulation sournoise de l'hypnotiseur, je me disais alors que les personnes sous hypnose arrivaient à faire des choses dont elles ne se pensaient pas capables. Cela a fait naître un fort désir d'en savoir et d'en apprendre davantage sur le sujet!

Je pense que l'hypnose favorise un état de non-inhibition propice au changement. L'esprit critique est ici contourné, et les doutes mis de côté. Dans cet état, on ne se demande plus ce que les autres pensent de nous, si on peut ou si on doit faire les choses. On ne se demande plus si notre main va bel et bien rester collée sur notre cuisse, ou si nous allons oublier notre prénom. On fait.

C'est précisément ce qui fait peur avec l'hypnose : on ne réfléchit plus de la même manière, alors beaucoup pensent qu'on pourrait nous faire faire n'importe quoi dans cet état là. À l'inverse de ce que beaucoup perçoive, l'hypnose est selon moi une des plus belles formes de liberté. C'est revenir au niveau zéro, à un carrefour où tout devient possible. On se dissocie de nos pensées, de nos doutes, de nos croyances, de nos comportements, de nos idées, de nos émotions, et on se recentre sur nous-même. Toutes les possibilités sont alors face à nous, et nous sommes libres de choisir celles qui nous conviennent le mieux.

Entrer dans un état d'hypnose, c'est s'autoriser à imaginer certaines choses, et s'autoriser à croire que c'est possible de les réaliser. On se surprend alors à devenir capable de les faire.

Très tôt dans notre évolution, on nous dit qu'on est capable de faire certaines choses, incapable d'en faire d'autres. On nous juge par rapport à des notes, qui elles-mêmes se basent par rapport à une « norme », ou encore par rapport à nos expériences passées, notre environnement, nos connaissances...On nous apprend à nous inhiber. On est inhibé parfois pendant tellement longtemps qu'on ne sait plus que cela pourrait être différent. On développe une certaine rigidité mentale qui cache bien souvent une voire plusieurs peurs: peur de mal faire, peur d'être rejeté, ou peur de blesser.

Dans un état d'hypnose on devient capable de changer nos émotions, de modifier nos croyances, d'enclencher un processus de changement, et tellement d'autres choses encore. Des choses que nous n'arriverons pas à faire consciemment.

Je vous propose l'expérience suivante : essayez d'oublier le chiffre 7. Vous allez très rapidement constater que vous en êtes incapable, et que bien au contraire, vous ne faites qu'y penser. Dès lors que nous essayons de faire les choses consciemment, cela ne fonctionne plus. Pourtant, des amnésies nous en vivons régulièrement car nous avons tous la capacité naturelle d'oublier. Lorsque vous n'arrivez pas à trouver le bon mot, ou le nom d'une personne, avec cette frustrante impression de l'avoir pourtant sur le bout de la langue par exemple.

L'hypnose est un moyen d'accéder et d'exploiter toutes les ressources que nous avons en nous, en favorisant un lâcher prise permettant de passer à l'action. Vous constaterez que les choses se font alors beaucoup plus naturellement, comme si il n'y avait presque plus d'efforts conscients à fournir. Exactement comme nous le faisons pour nous endormir ou marcher. Il n'y a pas besoin de faire quoi que ce soit, mise à part avoir l'intention de le faire. Le corps met ensuite en route toute une série de mécanismes pour nous permettre d'atteindre notre objectif. Passer à l'action, c'est ne pas chercher à maîtriser les choses, pour en reprendre le contrôle.

EN CONCLUSION

Si vous voulez changer votre vie, passer à l'action est essentiel et incontournable. Cependant, il ne s'agit pas non plus d'être imprudent ou de prendre des risques inutiles mais bien de passer à l'action de manière constructive, c'est-à-dire dans le but d'avancer vers un objectif précis, qui vous tient à cœur. Il ne s'agit pas de s'éparpiller en disant oui à tout ce qui passe, de s'acharner sur un projet tout en sachant qu'il ne correspond pas forcément à vos besoins, d'être pris dans un tourbillon d'actions juste pour vous donner bonne conscience et vous convaincre que vous êtes actif. Il s'agit de prendre des décisions en accord avec vos besoins, vos projets, vos envies, vos rêves, et ne plus laisser cette peur d'échouer dominer. C'est se concentrer sur votre objectif, et ne laisser absolument aucun obstacle vous arrêter. Comme dirait Henry Ford, « les obstacles sont ces choses que vous voyez lorsque vous perdez de vue votre objectif ».

Car, il n'y a pas de recettes miracles: pour accomplir des choses, il suffit de les faire. Comment Dashrath Majhi, a creusé et littéralement déplacé la montagne, armé d'un simple marteau, d'un burin et de ses ongles afin de créer un raccourci vers la ville, pour que plus personne ne subisse le funeste destin de sa bien aimée, décédée par manque de soins médicaux du fait de la distance entre la ville ? Comment Ferdinand Cheval, un facteur âgé alors de 43 ans, a consacré 33 ans de sa vie à bâtir seul, un palais de rêve, son palais idéal ? Comment Leonardo Di Caprio, JK Rowling, ou Johnny Hallyday ont pu avoir le niveau de notoriété qu'on leur connaît? Ou encore comment ai-je fait pour me libérer des aspects négatifs de la peur, ou pour écrire ce livre ?

Vous connaissez déjà la réponse. À un moment ou un autre, toutes ces personnes sont passées à l'action. Chacune d'elles a pris la décision de faire un pas dans la direction de leur objectif. La simplicité de cette affirmation est déconcertante mais c'est pourtant le point commun de n'importe quelle *success story.* Il semblerait d'ailleurs que ce qui caractérise les personnes qui réussissent, c'est qu'elles osent se saisir des opportunités qui se présentent à elles. Elles ne s'attardent pas sur les risques potentiels mais sur les gains potentiels, et passent rapidement à l'action.

L'étape la plus importante est de décider de débuter par quelque chose. De faire un premier pas dans la direction que vous voulez. L'Everest ne se grimpe pas en un jour. Commencez par quelque chose. Pas besoin de débuter grand, commencez petit. Que ce soit simplement faire une recherche internet, écrire un mot, faire un pas en dehors de chez vous, demander conseil à une personne, prendre un rendez-vous, ou que sais-je encore. Faites juste quelque chose. N'importe quoi ! Surtout si votre situation actuelle ne vous convient plus et que vous voulez aller vers quelque chose de mieux.

****

EXERCICES PRATIQUES

Il n'y a pas de bonne ou de mauvaise manière de passer à l'action. Chacun avance à son rythme selon ses propres capacités. Je n'ai donc pas de plan d'action à partager avec vous, mais voici deux astuces qui pourront vous être utiles.

• La règle des 5 secondes

Mel Robbins a mis au point une technique toute simple pour lutter contre cette inhibition : elle l'a baptisé la règle des 5 secondes (« The Five second rule »). Le principe ? Si vous avez une impulsion, une envie de faire quelque chose, vous avez maximum 5 secondes pour bouger physiquement sinon votre cerveau va vous en empêcher. La conférencière donne l'exemple du réveil que l'on repousse le plus possible. Plus nous attendons, et plus cela devient difficile de se lever.

Mel Robbins nous invite alors à compter à rebours 5 - 4 - 3 - 2 - 1 puis, une fois arrivé à 1, de passer à l'action en bougeant. Elle explique que c'est en bougeant physiquement que le cerveau peut commencer à créer de nouvelles habitudes, tout en effaçant les précédentes. Quant au décompte, il permet d'interrompre l'habitude d'hésiter et de ne rien faire en nous distrayant afin de nous détacher de nos doutes, et de nos peurs. C'est pourquoi cette technique est d'autant plus recommandée pour les choses que vous ne voulez pas faire ou que vous n'êtes vraiment pas motivé à faire. Dès que vous vous surprenez à hésiter, décomptez de 5 jusqu'à 1 puis faites ce qui vous tient à cœur.

Si vous voulez en savoir plus, je vous recommande de regarder des extraits vidéos de ses conférence sur la toile, et plus particulièrement sa conférence TED sur le sujet, ou de lire son livre « The 5 second rule. »

• Brûlez vos bateaux

Hernan Cortes est un conquistador espagnol qui s'est emparé de l'Empire aztèque, qui était un des plus puissants de l'époque, en 1519, pour le compte de Charles Quint, roi de Castille et empereur romain germanique. Cortès n'avait emmené avec lui qu'une petite expédition de soldats (508 si l'on en croit les dires), aussi ne pouvait-il pas se permettre d'en voir un seul déserter. La légende raconte que lorsque ses soldats ont mis les pieds sur la terre Aztèques, Cortès ordonne alors de rendre inutilisables les vaisseaux sur lesquels ils sont arrivés. Cette décision, extrêmement audacieuse, interdisant tout retour en arrière, entrera dans l'histoire. Autour d'elle se construira peu à peu une légende. La flotte sera réputée avoir été brûlée, comme en témoignera l'expression « brûler ses vaisseaux. » Il semblerait qu'en réalité, les bateaux ont été échoués près du rivage après que leur coque eut été percée. Il voulait que ses hommes croient réellement que leur seule option, était de gagner cette bataille... ou de mourir. En connaissant clairement leurs options, l'armée espagnole se battrait avec beaucoup plus de détermination. Cortes remporta cette bataille.

D'ailleurs, il semble que Cortes n'était pas non plus le premier à accomplir ce coup d'éclat. Un certain Agathocle de Syracuse avait inauguré d'incendier sa flotte au cours d'une guerre menée contre Carthage, à la fin du IVè siècle avant J-C, pour bien faire comprendre à ses troupes qu'elles n'avaient le choix qu'entre la victoire et la mort. Et Guillaume le Conquérant est lui aussi supposé avoir agi de la même façon.

Je vous invite à adopter la même stratégie que Cortes : mettez-vous dans une situation et ne vous laissez pas la possibilité d'échouer. Car si vous ne « brûlez pas vos bateaux », vous envoyez le message à votre inconscient qu'il est possible d'arrêter « de toute façon il y a une sortie de secours, ce n'est pas grave... » Et il est clair que lorsque vous entrouvrez la porte de secours, il est presque inévitable que vous allez abandonner.
Pour atteindre ses objectifs, il faut savoir commencer par brûler ses bateaux en se créant une situation qui va nous contraindre à respec-

ter notre engagement. C'est un peu comme monter au grenier, et retirer l'échelle. Si votre but est réellement important pour vous, commencez par vous débarrasser de tout ce qui est susceptible de vous en éloigner : toutes les distractions, toutes les stratégies d'évitement que vous aviez mises en place jusqu'à présent. Et avancez ! Mettez volontairement les deux pieds dans le plat !
Voici quelques exemples personnels où j'ai décidé de « brûler mes bateaux » :

- Dire oui à des propositions de sortie même si je ne me sentais pas le courage ou l'envie d'y aller.
- Me forcer à aller toute seule à des rendez-vous auxquels j'aurai auparavant demandé à quelqu'un de mon entourage de m'accompagner.
- M'inscrire à ma formation en hypnose sur Paris pour me forcer à aller vers l'inconnu et à repousser mes limites alors que j'aurais tout aussi bien pu me former sur Lyon, plus proche de mon lieu de résidence et une ville dans laquelle j'avais déjà vécue. Je savais que le simple fait de me rendre seule à Paris serait déjà thérapeutique en soi.
- Lancer mon projet vidéo sur les peurs en m'engageant publiquement à aller jusqu'au bout.

Dès lors que vous oserez passer à l'action vous constaterez qu'une fois dans la situation, le stress et la peur se dissipent rapidement. Car passer à l'action, c'est être pleinement présent. On ne peut plus être dans cette anticipation anxiogène du future ! Le plus dur est toujours de faire le premier pas, mais une fois lancé, c'est beaucoup plus difficile de faire marche arrière.

CONCLUSION

« La caverne dans laquelle vous redoutez de pénétrer contient le trésor que vous recherchez »
Joseph Campbell

Lorsque j'ai pris la décision d'accepter pleinement mes peurs, et de ne plus avoir peur d'avoir peur j'étais terrifiée car j'avais peur que cela engendre davantage de souffrance. Je ne savais pas encore que cela serait ce qui enclencherait le processus merveilleux d'évolution et de transformation par lequel je suis passée. Je ne savais pas non plus que j'allais désirer que ce processus de changement s'arrête, tout autant que j'allais souhaiter l'instant d'après qu'il ne se termine jamais. Je ne pensais pas qu'il était possible de ressentir autant d'excitation et de peur simultanément. Je ne savais pas non plus que j'allais me sentir réellement vivante pour la première fois de ma vie.

Ne plus avoir peur de la peur ne signifie pas que l'on ne sera plus jamais apeuré ou stressé. À l'heure d'aujourd'hui, il m'arrive encore fréquemment de ressentir de la peur. La différence? C'est que je prends dorénavant réellement du *plaisir à avoir peur.* Je ne fuis plus la peur, je la recherche activement. Et l'ancienne phobique que j'étais n'aurait jamais imaginé pouvoir sincèrement dire cela un jour.

Peut-être avez-vous pensé pendant longtemps vous aussi que la peur était une émotion négative contre laquelle il fallait lutter ou dont il fallait se débarrasser le plus rapidement possible. Ce livre est une invitation à l'accepter et à aller dans son sens plutôt que d'aller à l'encontre de celle-ci. Selon moi, il ne s'agit pas de se débarrasser de ses peurs mais plutôt de s'en servir comme d'un tremplin pour aller voir au-delà. De plonger au cœur de ce qu'elles sont pour nous reconnecter à notre être profond.

Ce livre a pour ambition de vous aider à ne plus avoir peur d'avoir peur, et je pense sincèrement que les idées partagées ici peuvent y contribuer.

À ce stade de la lecture, vous connaissez à mon sens toutes les techniques pour reprendre le contrôle de votre vie. Il ne tient maintenant qu'à vous d'écrire la conclusion de ce livre. Pour cela, je souhaite vous poser la question suivante: qu'allez-vous maintenant faire de ces nouvelles informations? Allez-vous les garder dans un petit coin de votre tête sans jamais vous en servir, ou allez-vous les mettre en pratique?

Sachez qu'il n'y a pas de bonne ou de mauvaise réponse à cette question. Il n'y a qu'une décision à prendre. Quelle que soit la décision que vous choisissez de prendre, assumez-la jusqu'au bout. Ce que j'entends par là, c'est que si vous décidez de ne pas mettre en pratique les techniques et de ne pas changer, soyez alors heureux de ne pas changer, et prenez du plaisir à ne pas changer. Et si vous décidez de ne plus avoir peur de la peur et de transformer votre vie, soyez alors heureux de la transformer et prenez du plaisir à la transformer. Car je suis convaincue que la vie est sensée être une expérience agréable, et ne devrait pas être subie. Je ne peux que vous conseiller de vous amuser, quelle que soit la direction que vous choisirez de prendre.

Il ne me reste alors plus qu'à vous souhaitez en toute sincérité d'avoir peur, de réapprendre à vous émerveiller avec enthousiasme devant les petites choses de la vie, d'échouer, de montrer vos imperfections, d'aimer, de cesser d'être trop sérieux, de prendre des risques, de ressentir chacune de vos émotions, et de vivre pleinement votre vie.

Que le voyage commence.

REMERCIEMENTS

Écrire ce livre n'était pas une tâche aisée. Il est l'aboutissement de plusieurs dizaines d'heures de travail consacrées à des recherches approfondies sur la peur, à l'analyse de mon expérience personnelle et de ma pratique en tant qu'hypnothérapeute, ainsi qu'au processus d'écriture et de relecture. Je voudrais ici remercier certaines des personnes qui m'ont soutenue et accompagnée, et qui ont contribué de près ou de loin à l'élaboration de ce projet.

Aux scientifiques et aux thérapeutes qui ont partagés leurs recherches sur les peurs permettant ainsi d'élaborer des stratégies adaptées pour s'en libérer, en particulier les travaux de Giorgio Nardone qui m'ont aidé tout d'abord à titre personnel, puis dans ma pratique de l'hypnose. Merci.

À toutes les personnes que je reçois en consultation, qui sans forcément le savoir, me permettent continuellement d'apprendre et d'évoluer. Merci.

À William, webdesigner et infographiste (http://w2i-concept.fr) qui a su représenter parfaitement l'illustration de couverture que j'imaginais pour ce livre. Merci pour ta patience et pour le temps que tu y auras consacré.

À Richard, qui en plus d'être un bon ami et un photographe talentueux (www.eremphotographie.book.fr), m'aura donné de nombreux conseils pour améliorer la qualité de mes vidéos. Merci d'avoir accepté que j'utilise la photo que nous avons réalisé ensemble comme photo de profil sur la quatrième de couverture de mon livre.

À Justine et Cindy, mes deux acolytes qui, en plus de m'avoir stimulé pour aller au bout de mes projets ont même accepté de me suivre dans certaines de mes aventures les plus farfelues, sans oublier Hélène dont l'amitié m'est précieuse. Merci pour toutes ces expériences partagées avec vous et pour toutes celles qui nous restent à vivre.

Merci à toi Anna de t'être portée volontaire pour relire mon livre et pour tes retours constructifs, ainsi qu'à toi Gautier.

À tous mes proches, mes parents, mon petit frère Kenny qui m'ont toujours soutenue dans mes décisions et qui supportent mon caractère pas toujours simple à vivre au quotidien. À mon grand frère, Jordan, dont les conseils souvent pertinents m'auront non seulement poussé à prendre soin de moi, mais aussi à peaufiner ce livre. Merci à vous tous de rendre ma vie si belle.

À Selene, la plus merveilleuse des nièces qui sait toujours comment me faire sourire. Merci de me permettre d'être ta tatie, et de rire à mes blagues (même si elles ne sont pas toujours drôles).

À toi Clément, à qui je dédicace ce livre, car il n'aurait probablement pas pu être aussi complet sans toi. Merci de me pousser à donner le meilleur de moi-même et à m'améliorer constamment, et pour tous ces moments de bonheur.

À vous tous qui lisez ce livre et à tous ceux qui prendront la décision de ne plus avoir peur de leur peur et d'aller au bout de leur rêve. Merci.

Et enfin, je ne pourrais terminer sans remercier mes peurs de m'avoir permis d'exploiter des ressources que je ne pensais pas posséder, et sans quoi ce livre n'aurait très certainement pas pu exister. Merci de m'avoir reconnecté à la Vie.

UN MOT DE L'AUTEUR

Quand on commence à ne plus avoir peur de la peur, on prend alors vite goût à la liberté… le choix de l'auto-édition me paraissait donc évident afin de pouvoir être totalement libre autant dans la création du contenu, que dans la mise en page ou l'illustration de la couverture. Ce choix me permet également d'avoir la possibilité de travailler à mon rythme, sans contraintes temporelles autres que celles que je m'étais fixées. J'appréciais également le challenge que représentait le fait de « partir de zéro », et de tout gérer seule: de la conception à la promotion.

Ce livre est imprimé à la demande, c'est à dire qu' il sera directement imprimé à chaque fois qu'un lecteur passera commande sur le site Amazon, avant de lui être expédié par voie postale. Ce modèle se distingue de l'impression traditionnelle qui consiste à imprimer un stock à l'avance. Aussi cela permet d'éviter de se retrouver avec de trop nombreux invendus.

Bien que l'auto-édition présente de nombreux avantages, elle possède également quelques inconvénients. Par exemple, ce livre ne bénéficie pas des mêmes moyens de promotions et de distributions qu'un livre publié par une maison d'édition traditionnelle. C'est pour cette raison que j'ai besoin de votre aide, et j'ai deux propositions à vous faire. Bien évidemment, vous êtes libre de choisir de les accepter ou non.

La première consiste à laisser un commentaire sur le site Amazon, sous l'article de mon livre. Des études ont montré que près de 9 consommateurs sur 10 consultent les avis clients sur Internet avant un achat. L'idée est donc d'ajouter un avis sincère sur Amazon dans le but d'aider d'éventuels clients à faire leur choix. Amazon n'accepte pas les faux commentaires (des entreprises qui paient des personnes pour écrire un avis élogieux sur leur produit, ou des commentaires trop enthousiastes et trop vagues par exemple), il est donc important que vous écriviez en toute franchise ce que vous en avez pensé. Vos retours seront tout aussi intéressants pour moi et pourraient m'inciter à envisager de faire une nouvelle version revue et/ou augmentée de mon livre afin de le perfectionner en effectuant les corrections et les modifications nécessaires.

La deuxième proposition que j'ai à vous faire est peut-être plus intéressante pour vous car elle vous permettrait de toucher une commission. Je m'explique. Il vous est possible de devenir partenaire Amazon. Le programme Partenaires Amazon est un programme marketing d'affiliation qui permet aux propriétaires de sites Web, de blogs ou de chaînes YouTube de créer des liens affiliés concernant un produit et de percevoir des commissions lorsque les clients achètent un ou plusieurs produits sur Amazon.fr en passant par ces liens. L'inscription au programme est gratuite et son utilisation est extrêmement simple. Il est possible de recevoir jusqu'à 10% de commission pour tout achat réalisé sur Amazon après un clic sur l'un de vos liens. Vous trouverez toutes les informations nécessaires à l'adresse suivante: https://partenaires.amazon.fr/

Je remercie d'avance toutes les personnes qui contribueront d'une manière ou d'une autre à faire connaître ce livre en le recommandant autour d'eux. Que vous décidiez ou non d'accepter mes propositions, je vous remercie d'avoir acheté ce livre et j'espère sincèrement qu'il vous aura plu.

BIBLIOGRAPHIE

• ANDRE, Christophe. *Psychologie de la peur: craintes, angoisses, et phobies*. Odile Jacob, 2005.

• BANDLER, Richard. *Le recadrage: transformer la perception de la réalité avec la PNL*. InterEditions, 2014.

• BEN-SHAHAR, Tal. *L'apprentissage de l'imperfection.* Pocket, 2011.

• BRADEN, Gregg. *La guérison spontanée des croyances: l'éclatement du paradigme des fausses limites*. Ariane, 2009.

• BROWN, Brené. *Cessez d'être parfait, soyez vous-même !* Leduc S., 2016

• BROWN, Stuart. *Play: how it shapes the brain, opens the imagination, and invigorates the soul*. Avery, 2009

• COVEY, Stephen. *Les 7 habitudes de ceux qui réalisent tout ce qu'ils entreprennent.* J'ai lu, 2012

• D'ANGELI, Patricia. *Psychothérapie: guérir vos blessures intérieures.* IFHE, 2013.

• DILTS, Robert. *Changer les systèmes de croyance avec la PNL.* InterEditions, 2006.

• DISPENZA, Joe. *Rompre avec soi-même.* Ariane, 2013

• HAHN, Tchich Nhat. *Le miracle de la pleine conscience.* J'ai lu, 2008.

• LOCKERT, Olivier. *Hypnose: évolution humaine, qualité de vie, santé*. IFHE 2013
• MALTZ, Maxwell. *Psychocybernetics*. Pocket, 1981.
• MANSON, Mark. *L'art subtil de s'en foutre*. Eyrolles, 2017.
• MCGONIGAL, Kelly. *The upside of stress*. Vermilion, 2015.
• MCGONIGAL, Kelly. *The willpower instinct*. Avery, 2013.
• MIDAL, Fabrice. *Foutez-vous la paix! - Et commencez à vivre*. Flammarion/Versilio, 2017
• NARDONE, Giorgio. *Dépasser les limites de la peur: comprendre la peur pathologique pour mieux la surmonter*. Enrick B. Editions, 2016.
• NARDONE, Giorgio. *Chevaucher son tigre intérieur: ou comment résoudre des problèmes compliqués avec des solutions simples*. Le Seuil, 2008.
• NEFF, Kristin. *S'aimer : comment se réconcilier avec soi-même*. Belfond, 2013.
• RICARD, Matthieu. *L'art de la méditation*. Pocket, 2010
• ROBBINS, Anthony. *Pouvoir illimité: changez de vie avec la PNL*. J'ai lu, 2008.
• ROBBINS, Mel. *The 5 second rule: transform your life, work, and confidence with everyday courage*. Savio Republic, 2017
• TOLLÉ, Eckhart. *Le pouvoir du moment présent*. J'ai lu, 2010.
• WALSCH, Neale Donald. *Conversations avec dieu*. J'ai lu, 2003
• WEGNER, Daniel. *White bears and other unwanted thoughts: suppression, obsession and the psychology of mental control*. Guilford Publications, 1994.

www.melindaorset.com

ME RETROUVER SUR LES RÉSEAUX SOCIAUX

FACEBOOK : Melinda ORSET
YOUTUBE : Melinda Orset
TWITTER : MelindaOrset
INSTAGRAM : melindaorset

Imprimé par CreateSpace
Dépôt légal : Mai 2018

ISBN : 978-2-9564492-0-1

11171232R00130

Printed in Germany
by Amazon Distribution
GmbH, Leipzig